DVDでうまくなる!
少年サッカー
基本・練習・指導法

前園真聖 監修

西東社

上達していく

サッカーで得られる楽しみ。それは兄の影響で小学1年生からサッカーを始めた自分を振り返ってみても、上達していく自分を発見できた瞬間だったと思う。サッカーは仲間と共通の楽しみを得られる、とても素晴らしいスポーツ。

自分を感じよう！

そして、小学生の年代というのは、ボールを止める、ねらったところに蹴る、そして自由自在にドリブルをするという基本的な技術を身につける最高の時期なんだ。そのなかで自分の技術が進歩していることを感じられれば、楽しみはさらに大きくなっていくはずだよ！

CONTENTS もくじ

PART2

ボールを蹴ってみよう!

自分の思うところにボールを蹴る

PART3

ゴールを決めよう!

シュートはゴールへのラストパス

PART4

ボールをコントロールしよう!

創造力豊かなプレーをする

PART5

ドリブルしてみよう!

繊細なボールタッチで大胆に攻める

PART6

相手の攻撃をふせごう!

守備の優先順位をおぼえる

本の特徴と使い方

この本は、キックやトラップなど6つの技術でパートを分けています。それぞれのパートの最初には一番大切にしてほしいことが書いてあるので、注意して読んでください。そしてたくさんのテクニックの解説があり、最後にゲームや練習のしかたなどを紹介しています。指導者のみなさんも一緒になって読んで利用してください。

見出し
大きな文字でテクニック名が確認できます。

ZONOコーチからのアドバイス
前園コーチから特に子どもたちへの技術的なアドバイスです。

PART5 ドリブルしてみよう!
足《あし》の裏《うら》でドリブル!
ステップ 4-2 リズムよくボールタッチする
足の裏《うら》で運《はこ》ぶドリブルは、自分の体の向きに対して横方向に進むドリブルです。スピードに乗って進むというよりも、相手が接近《せっきん》しているときや、時間をかせぎながら自分の足もとにボールをキープしたいときに使います。ポイントは、ボールに体重を乗せすぎずにボールの頭をなでて転がすことです。
ZONOコーチからのアドバイス!
足もとからボールを離さない
どんなにスピードに乗ったドリブルでも、大きく蹴って足もとから離れれば、それだけ相手にボールを奪われる危険が高くなる。自分の足もとでボールコントロールすることが大切だよ!
どんなときでも自分の足もとでボールをあやつる気持ちを持とう。
1
2
3
4
5
上半身でバランスをとる!
ボールより体側に着地!
軸足（左足）を踏みこんでボールタッチする右足を上げる。
右足の裏でボールの頭（上）にやさしくタッチする。
足の裏でボールの頭からなでるように横に転がす。
右足をスムーズに地面に下ろす。
左足を前に進めて、再び同じ動きをくり返す。
PART5 ドリブルしてみよう!
112
113

DVDマーク
DVDのメニュー画面からすぐに探せるようにリンクしてあります。

本文
テクニックの説明と注意したいポイントがまとめてあります。

連続写真
テクニックの流れを連続写真で解説しています。

繊細《せんさい》なボールタッチで大胆《だいたん》に攻《せ》める

ドリブルは、相手にボールを奪《うば》われないようにゴールに近づくテクニックです。どんどん変化していく試合《しあい》の状況《じょうきょう》を判断《はんだん》して、フェイントなどを使いながら「ゴールにせまる」「ボールをキープする（味方を生かす）」そして「勝負をしかける」ドリブルを使い分けていきましょう。特《とく》にフェイントなどの細《こま》かいテクニックは、子どものころに身につける絶好《ぜっこう》の機会《きかい》なので、ひとつでも多くマスターしましょう。

このパートの目的と指導ポイント

1 体《からだ》の中心《ちゅうしん》でボールを運《はこ》ぶ

ドリブルとは、ボールを「蹴って走る」のではなく「運ぶ」ことです。そしていつも体の中心（足もと）にボールをおくことで、相手にとられずにすばやくパスやシュートに移ることを意識しましょう。

2 試合《しあい》の状況《じょうきょう》を判断《はんだん》する

ドリブルは、試合でうまく使えばビッグチャンスを生むことができますが、使い方を間違えると大きなミスにもなります。顔を上げてまわりを見ながらドリブルできるように練習していきましょう。

3 1対《たい》1で負《ま》けない意識《いしき》

サッカーは11対11人で戦っていますが、その一番小さな形は1対1です。その1対1で「絶対に負けない」強い意識を持ち、そのために必要な技術をみがくことが、よいドリブラーへの近道になります。

PART5 ドリブルしてみよう！

110 111

パートの目的と指導ポイント

このパートの技術を学ぶにあたって、子どもとその指導者に特に意識してほしいポイントを3つにまとめてあります。

本文

このパートの技術の説明、そして一番大切なこと、心がけたいことなどが書いてあります。

PART5 ドリブルしてみよう!

コーンを使《つか》ってドリブル練習《れんしゅう》①

スピードよりも正確さ

ジグザグドリブルの練習

練習のやり方

コーンを1.5メートル間隔に5~10本並べ、その間をジグザグにドリブルする。ただドリブルするのではなく、コーンをディフェンダーと考えてドリブルの緩急の変化や、切り返しの深さを変える。また利き足だけでなく両足を使うことも大切。

指導のPOINT 少しずつ難易度を上げていく

コーンを使ったドリブルの練習の一番の目的は、ボールを正確なタッチでコントロールするということです。そのため初期の段階はゆっくりでもかまいません。レベルが上がってきたら、コーンの間隔をせばめたり、1本のコーンを通過するときのタッチ数や、ボールを扱う足の部分に制限を加えることで難易度を上げていきます。

コーンや障害物《しょうがいぶつ》をディフェンダーに見立てて、その間をジグザグにドリブルする練習です。コーンを通過《つうか》するときは、なるべく細《こま》かなタッチでドリブルが大きくふくらまないように注意しましょう。インサイドやアウトサイド、足の裏《うら》などいろいろな部分を使い、最初はスピードよりも正確さを追求《ついきゅう》していきましょう。

足の裏

足の裏だけを使ってボールを転がす。ボールの頭をなでるようにリズムよく軽くタッチすることが大切。

インサイド

両足のインサイドを使って切り返すようにドリブルする。両足の間からボールを出さずにコントロールすることが大切。

アウトサイド

両足のアウトサイドを使ってドリブルする。ボールを大きく蹴り出さずに一歩でコントロールできる範囲に転がすことが大切。

PART5 ドリブルしてみよう！

120 121

練習のやり方

練習のやり方をイラストと文章で解説しています。

指導のポイント

親や指導者へ、練習中に注意してほしいことや難易度の上げ方などを説明しています。

DVDの特徴と使い方

DVDでは、キックからボールコントロール、ドリブルなどの基本技術を、本書の監修者である前園コーチがやさしくていねいに解説しています。また、モデルの子どもと前園コーチの実演を、いろんな角度からの映像で見ることができます。本書とDVDを組み合わせて使うことで、さらなるレベルアップを目指しましょう。

特徴 1

前園コーチのていねいな解説

前園コーチが実演しながらわかりやすい解説をしています。

特徴 2

動きをいろんな角度から見る

ひとつのプレーをいろんな角度から見て動きを理解できます。

特徴 3

ポイントとおさらいで復習

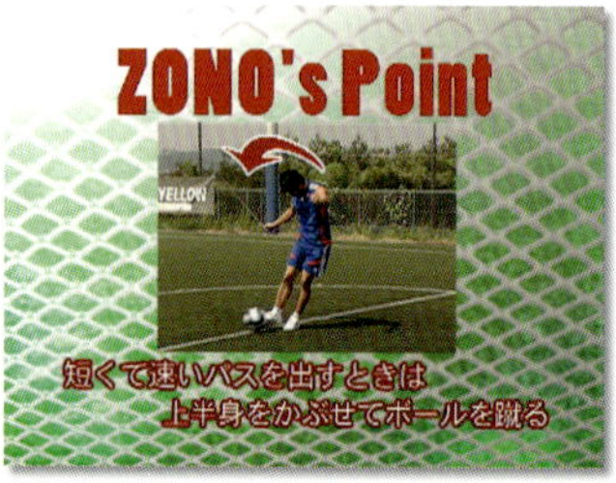

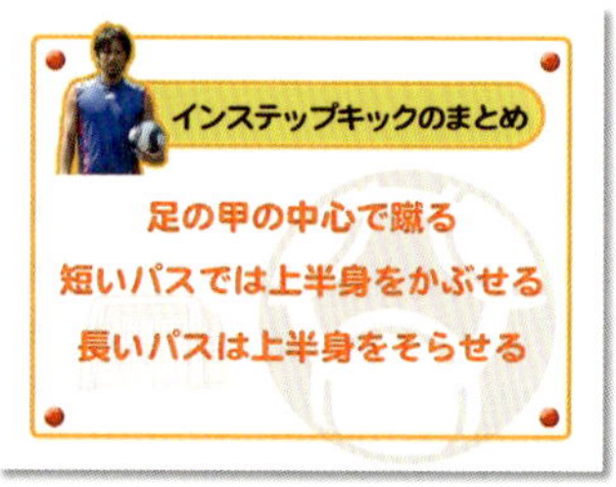

ポイントや「まとめ」画面で、大切なことをしっかりと復習します。

1 メインメニューを表示する

DVDをプレイヤーにセットして再生させると、「おことわり」の後に「タイトル」そして「メインメニュー」が表示されます。オープニングやエンディングの映像を見たいときは、「メインメニュー」画面の「オープニング」「エンディング」ボタンを選択してください。

タイトル画面

2 見たいステップを選ぶ

「メインメニュー」には、収録されている5つのステップが表示されます。方向キーで見たいステップを選び(色が変わります)、クリックまたは決定ボタンを押してください。すべてを通して見たい場合は、「全部を見る」を選んでください。

メインメニュー画面

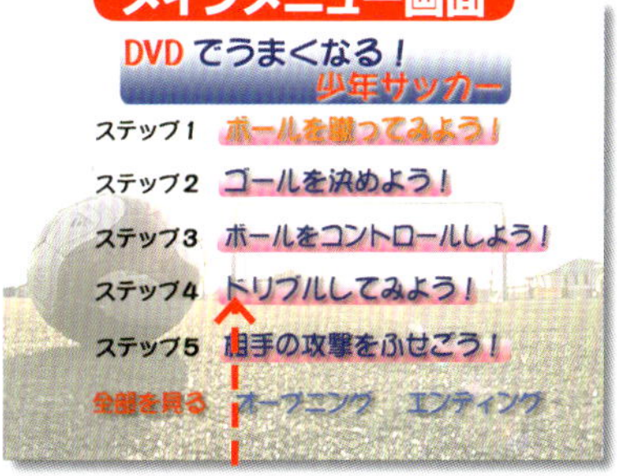

方向キーで見たいステップを選ぶ

3 見たいプレーを選ぶ

それぞれの「ステップメニュー」には、収録されているプレーが表示されます。方向キーで見たいものを選び、クリックまたは決定ボタンを押してください。ひとつのプレーを選ぶと、そのステップが終わるまでそれ以降のプレーがつづけて流れます。「メインメニュー」に戻りたい場合は、「戻る」を選んでください。

メインメニューに戻る

ステップ画面

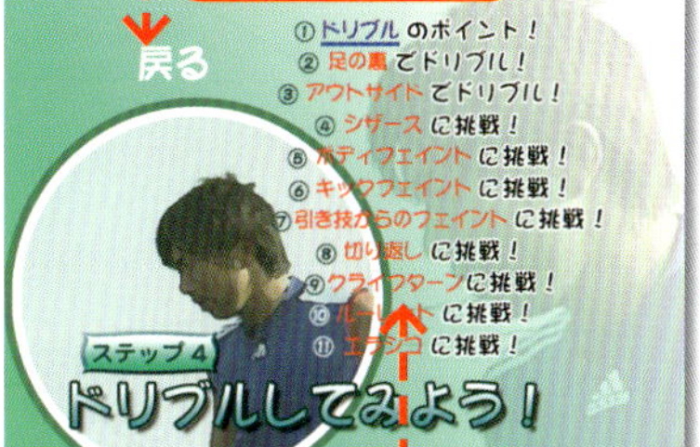

方向キーで見たいプレーを選ぶ

DVDメニューの紹介

DVDは5つのステップに分かれています。本書にもプレー名の下にDVDマークでリンク先をのせていますので、参考にしてください。

メインメニュー

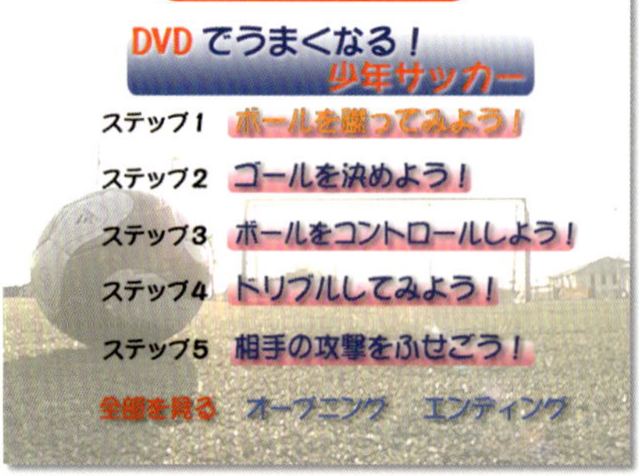

DVDでうまくなる！少年サッカー
ステップ1 ボールを蹴ってみよう！
ステップ2 ゴールを決めよう！
ステップ3 ボールをコントロールしよう！
ステップ4 ドリブルしてみよう！
ステップ5 相手の攻撃をふせごう！
全部を見る
オープニング
エンディング

ステップ1

ステップ1
ボールを蹴ってみよう！
① インサイド でキック！
② インステップ でキック！
③ アウトサイド でキック！
④ インフロント でキック！
⑤ ボレー でキック！
戻る

ステップ2

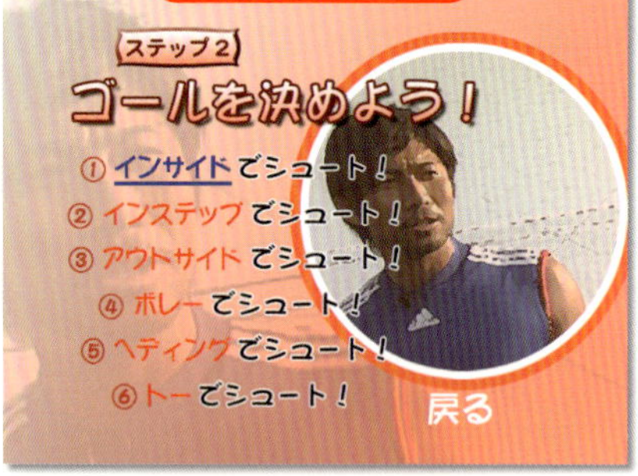

ステップ2
ゴールを決めよう！
① インサイド でシュート！
② インステップ でシュート！
③ アウトサイド でシュート！
④ ボレー でシュート！
⑤ ヘディング でシュート！
⑥ トー でシュート！
戻る

ステップ3

戻る
① 足の裏 でトラップ！
② インサイド でトラップ！
③ アウトサイド でトラップ！
④ ショートバウンド でトラップ！
⑤ インステップ でトラップ！
⑥ もも でトラップ！
⑦ 胸 でトラップ！
⑧ 頭 でトラップ！
ステップ3
ボールをコントロールしよう！

ステップ4

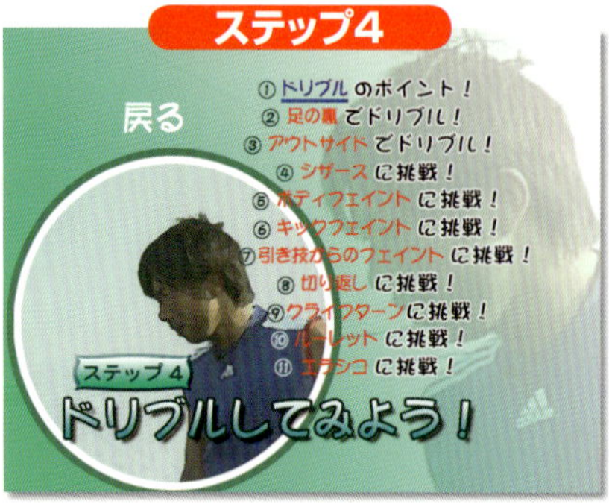

戻る
① ドリブル のポイント！
② 足の裏 でドリブル！
③ アウトサイド でドリブル！
④ シザース に挑戦！
⑤ ボディフェイント に挑戦！
⑥ キックフェイント に挑戦！
⑦ 引き技からのフェイント に挑戦！
⑧ 切り返し に挑戦！
⑨ クライフターン に挑戦！
⑩ ルーレット に挑戦！
⑪ エラシコ に挑戦！
ステップ4
ドリブルしてみよう！

ステップ5

ステップ5
相手の攻撃をふせごう！
① 構えとサイドステップ！
② クロスステップ！
戻る

DVD制作

ディレクター／大塚岳史
アシスタントディレクター／工藤洋介
撮影／木村篤史・丸山隆之・橋本智司
音声／小熊英俊
編集／中村智英・矢野琢也
制作協力／岩﨑龍一、関根淳（帆風社）
制作／株式会社ビデオソニック

PART 1

ボールに慣れよう！

楽《たの》しみながら
ボールに触《ふ》れる

サッカーの技術《ぎじゅつ》は遊びながらおぼえるものです。子どもがサッカーをする理由はただひとつ、「楽しい遊び」だからです。あくまでも遊びのなかでのプレーなのだから失敗してもいい。逆にその失敗から「今度はこうやって蹴ってみよう」などという気持ちが生まれ、自分でいろいろと工夫《くふう》を始めるはずです。まずはたくさんボールに触《ふ》れて、ボールの大きさや重さ、地面に弾《はず》む感覚《かんかく》を身につけましょう。

このパートの目的と指導ポイント

1 準備運動《じゅんびうんどう》をしっかりする

サッカーは、走る・止まる・蹴る・跳ぶなどといったはげしい動きを長い時間やるスポーツです。同時に、成長過程にある子どものケガは絶対にさけたいこと。そのため準備運動（ストレッチ）を習慣づけることが大切です。

2 ボールに触《ふ》れる回数《かいすう》を増《ふ》やす

ボールに触れる回数が多くなるほど、子どもはボールさばきがうまくなります。ボールの転がりや弾む感覚、キックしたときのボールの感触などを自然につみ重ねていける環境を整えましょう。

3 ゲーム要素《ようそ》を加《くわ》えて楽《たの》しむ

スポーツをしている以上、競い合うことは決してマイナスにはなりません。勝つことの喜び、負けたときのくやしさと向上心を養うためにも、遊びながら競わせるゲームをとり入れてみましょう。

PART1 ボールに慣れよう!

準備運動《じゅんびうんどう》をしよう!❶

練習前の大切な準備

サッカーは見た目よりも激《はげ》しいスポーツで、練習や試合前には十分な準備運動（ストレッチ）が必要です。体のさまざまな関節《かんせつ》を動かすことで、眠っていた体の筋肉《きんにく》を目覚《めざ》めさせましょう。ストレッチを行う場合は、勢《いきお》いをつけずにゆっくり筋肉を伸ばしていくこと。プレー中のケガの予防《よぼう》にもつながります。

アキレス腱《けん》を伸ばす

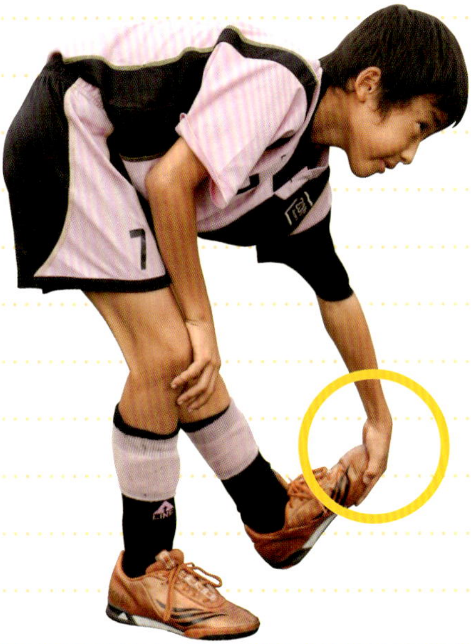

1 体を前にたおし手で自分の足のつま先をつかむ。同時にふくらはぎの筋肉も伸ばす。

ももの裏の筋肉を伸ばす

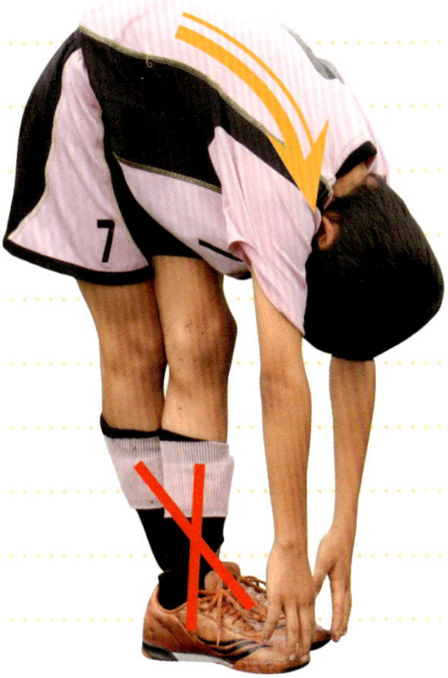

2 足を交差させた状態で体を前にたおして、ももの裏の筋肉を伸ばす。

指導のPOINT 準備運動から指導を

子どもたちは、練習前からグラウンドに出てPK合戦やリフティングなどでボール遊びをして体も温まっていることでしょう。しかし、準備運動は必ず行ってください。個人にまかせるのではなく、指導者のもと、みんなで声がけをしながら一人ひとりの体調をチェックすることも大切です。

練習前から、その日の子どもの体調を一人ひとりチェックする。

股《こ》関《かん》節《せつ》を開く

3 すもうの股割りのようにヒザを曲げ両足を開く。そして上体を左右にねじる。

4 片足で立ち、一方の足を両手で持ちお尻に引きつける。

太ももの前側の筋肉を伸ばす

準《じゅん》備《び》運《うん》動《どう》をしよう!❷

練習後のクーリングダウン

　ストレッチは、練習前のウォーミングアップとしてはもちろんのこと、練習後や試合後のクーリングダウンとしても行いましょう。ストレッチすることで、疲労《ひろう》の回復《かいふく》も早くなります。そして運動後は、十分な休養《きゅうよう》と栄養《えいよう》、睡眠《すいみん》をとることで、サッカーをつづけていける体をつくりましょう。

アキレス腱《けん》を伸ばす

5 一方の足を前に出しヒザを屈伸（くっしん）させる。後方の足のヒザは曲げず、反動をつけないように。

手首と足首の関節《かんせつ》を回す

6 両手を組んで手首の関節を回しながら、同時に足首の関節を回す。

指導のPOINT 救急道具を用意する

スポーツにケガはつきものです。練習、試合の現場には必ず救急箱を用意しておいてください。市販の救急セットでほとんどは事足りると思いますが、具体的には、はさみ、ピンセット、毛抜き、ツメ切り、滅菌ガーゼ、綿花、包帯（綿のものと弾力性のあるものの2種類）、絆創膏、テープ、眼帯、消毒薬、白色ワセリン、消炎鎮痛剤、湿布、三角巾、氷嚢などです。消費の激しい消毒薬や綿花、包帯などは多めに用意し、定期的に不足分をチェックして補充するようにしましょう。

首と腰を回す

7 首を回した後、腰を円を描くように回す。なるべく体が左右にたおれないように。

ヒザの屈伸《くっしん》とヒザを回す

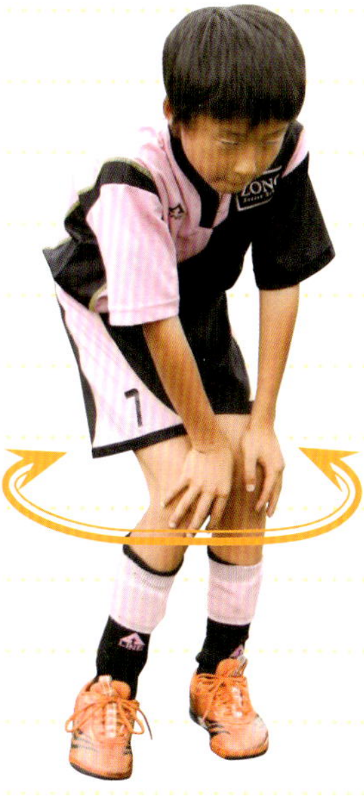

8 ヒザを屈伸した後、両ヒザに手を当てて円を描くように回す。

準《じゅん》備《び》運《うん》動《どう》をしよう!③

ボールに触れて遊ぶ

両足でボールにタッチ

1 左足を軸足に、右足でボールの上部にタッチする。

2 タッチした右足を下ろし、その足を軸足にする。

3 右足を軸足に、左足でボールの上部をタッチする。

指導のPOINT ボールに触れる回数を増やす

ボールタッチする遊びは、両足でボールに触る感覚とともに、体のバランス感覚やリズム感などを向上させてくれます。また、自分の体とボールの位置関係をすぐに把握できる力も養える、効率のよいトレーニングです。

決められた時間の中で、ボールに何回触れることができるか競争しよう。

練習前は、単純《たんじゅん》な動きをくり返すメニューではなく、ボールを使って遊びながらできるウォーミングアップも行いましょう。リズムのよい動きを意識《いしき》することでボール感覚《かんかく》を養《やしな》い、同時に体のバランスのとり方などが身につきます。また、ボールタッチの回数などを競《きそ》わせることで、向上心《こうじょうしん》を刺激《しげき》するのもいいでしょう。

両足でボールをまたぐ

1
2
3
弧を描くように

1. 左足を軸足に、右足でボールの上部をまたぐ。
2. またいだ右足に体重をかけて左足を上げる。
3. 右足を軸足にして左足でボールをまたぐ。

両足の間でボールを往復

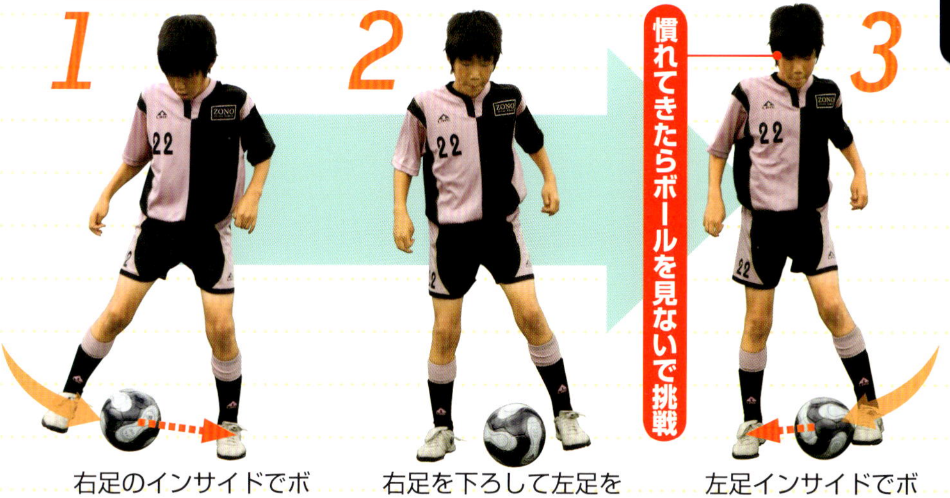
1
2
3
慣れてきたらボールを見ないで挑戦

1. 右足のインサイドでボールに軽くタッチ。
2. 右足を下ろして左足を軽く上げる。
3. 左足インサイドでボールに軽くタッチ。

みんなでゲーム!

バランスと判断力をみがく

輪になってボールを落とさない

練習のやり方

人数は最低で3人〜何人でも可能。輪になってボールを落とさないように相手に渡すゲーム。ワントラップで返すなど制限をつけたり、輪になった両隣の人と手をつないで離さないなどのルールをつくるとゲーム性が増す。

失敗した人から抜けていくサバイバルゲームの方法もやってみよう。

遊びながらの練習はみんな大好きです。特《とく》に、左右にすばやく動いたり、利《き》き足でないほうの足で蹴《け》る必要もあるゲームは、自然とバランスのよいプレーと、一瞬《いっしゅん》で状況《じょうきょう》を見極《みきわ》める判断力《はんだんりょく》が身につきます。練習前のウォーミングアップでも、少し時間が空いたときでも、みんなで（年少者にはハンデをあげて）楽しみましょう。

サッカーテニス

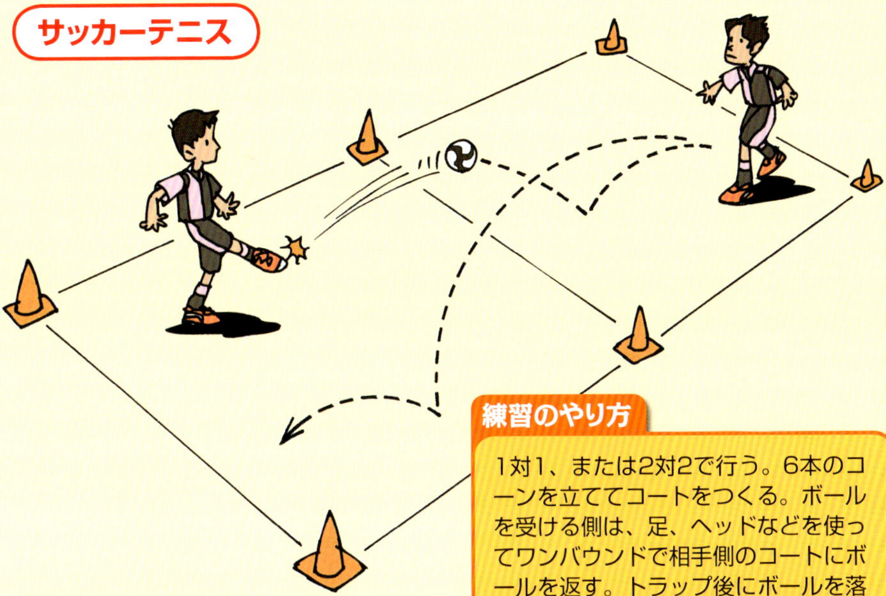

練習のやり方

1対1、または2対2で行う。6本のコーンを立ててコートをつくる。ボールを受ける側は、足、ヘッドなどを使ってワンバウンドで相手側のコートにボールを返す。トラップ後にボールを落としたり、コートの外に蹴り出したら相手に1点で、10点で勝敗を決める。

コートをいっぱいに使って相手のいない場所に返すことがコツ。

レベルを高くしてトラップなしにしたり、低くして2バウンドまでを認めたりする。

リフティングしよう!❶

ボールタッチの感覚をつかむ

インステップ

足首を固定する
低い位置でタッチ

1 ボールを右足のインステップでとらえ真上に上げる。

2 ボールタッチした足を下ろして左足を準備する。

3 左足でボールをタッチ。真上に上げる。

ZO《ぞ》NO《の》コーチからのアドバイス!

ボールの中心を意識しよう!

リフティングでは、ボールの重さや大きさ、硬さなどを感じることができるけど、一番意識してほしいのはボールの中心を蹴ることなんだ。これが自然と意識できるようになると、キックでもトラップでもすごく上達するはずだよ!

足のいろんな部分やもも、頭など、体全体でボールをつくリフティングは、ボールタッチの感覚《かんかく》を身につけるための最適《さいてき》な練習です。大切にしたいのは、いつもボールの中心を正確に蹴《け》ること。軸足《じくあし》のヒザのクッションをやわらかく使って、リズムよくリフティングし、ボールタッチの強さや足の角度《かくど》の感覚を身につけましょう。

インサイド

1
2
3
インサイドの面を地面と平行に

1 左足のインサイドの面でボールをタッチ。

2 タッチした足を下ろして右足を準備する。

3 右足のインサイドでタッチして真上に上げる。

アウトサイド

1
2
3
ヒザを曲げて体のバランスを保つ

1 右足アウトサイドを地面と平行にボールをタッチ。

2 ボールの軌道をよく見て、再び右足を準備する。

3 右足のアウトサイドでタッチして真上に上げる。

リフティングしよう!②

両足を同じくらい使う

もも
1
2
3
ももの面を地面と平行にする

右足のももを地面と平行にしてボールにタッチ。

タッチした右足を下げて左足を準備する。

落ちてきたボールを左足のももでタッチする。

指導のPOINT 2人でするリフティング

リフティングに慣れてきたら、2人一組でするのも楽しいものです。ミス5回で腕立て伏せ10回とかペナルティを課してもいいですし、何回往復できるか他の組と競争してもゲーム性が増します。

インステップで!

ボールを出す相手が、タッチ数やタッチする体の部分を言うと難易度が上がる。

リフティングで大切なことは、なるべく両足を同じくらい使うことです。利《き》き足でないほうの足を使うのは苦手《にがて》かもしれませんが、吸収《きゅうしゅう》力の早い子どものころに慣《な》れておくと、後々とても役に立ちます。また、両足を使うことで、体のバランスを保《たも》つ感覚《かんかく》も自然に身につきます。

ヘディング

1 ボールをおでこの中央で真上にはね上げる。

2 ボールから目をそらさずに落下点の真下に入る。

3 ヒザをやわらかくして再びおでこの中央ではね上げる。

おでこの中央でボールをとらえないと、前後左右にボールがはねてしまう。

ボールリフトに挑戦《ちょうせん》!

見ても楽しいテクニック

地面《じめん》にあるボールを空中に浮《う》かせるボールリフトにはいろいろなテクニックがあります。ボールリフトそのものは試合《しあい》で使うことはありませんが、細《こま》やかな足の動きとすばやい身のこなしが必要になるので、フェイントやその他のテクニックにも応用《おうよう》できるはずです。自分で格好《かっこう》いいボールリフトを発明《はつめい》してみるのもいいでしょう。

ボールを引いてすくう

1 ボールの上に片足を乗せておさえつける。

2 片足を引いてボールを手前に引きつける。

3 足の甲にボールを乗せて真上に上げる。

ボールを引いて反対の足ですくう

1 ボールの上に右足を乗せる。

2 左足に向けてボールを引く。

3 ボールが乗ったと同時につま先をはね上げて軽くジャンプ。

ジャンプしてつま先で上げる!

4 着地して右足を準備する。

5 リフティングを始める。

両足ではさんでかかとで上げる

1 両足でボールをはさむ。

2 ボールをはさんだまま右足で持ち上げる。

3 ボールを左足のかかとに乗せてジャンプする。

4 着地して体をボールに向ける。

5 リフティングを始める。

PART2

ボールを蹴ってみよう！

自分《じぶん》の思《おも》うところにボールを蹴《け》る

サッカーはボールを蹴《け》ることから始まります。そして蹴ったボールが自分の思うところにいけば、サッカーはもっと楽しくなります。また、スパイクのどの部分で蹴るか、そしてボールのどこを蹴るかで、まったく違ったキックにもなるのです。試合《しあい》になれば、いろいろなキックを使い分ける判断力《はんだんりょく》がとても大切になるので、くり返し練習して、その感覚《かんかく》と自分にもっとも合ったフォームを見つけましょう。

このパートの目的と指導ポイント

1 キックの種類《しゅるい》をおぼえる

サッカーで必要とされるさまざまなキックの種類をおぼえましょう。強いボールや正確なボールを蹴るキックなど、それぞれのキックの持っている特徴を理解していくことが大切です。

2 止《と》まったボールを蹴《け》る

実際にキックして、ボールのどの部分を蹴ればどのようなコースに飛んでいくのかを見ます。また軸足を踏みこむ位置とボールの関係などを、止まったボールを蹴ることで体感していきます。

3 動《うご》きながらボールを蹴《け》る

よりゲームに近い状況をつくり、転がっているボールを自分も動きながら蹴ってみます。動いているボールに対する目測のしかたや、自分の体のバランスを保つ能力が必要とされます。

キックの種類《しゅるい》をおぼえよう!

足のいろんな部分で蹴ってみる

インステップキック

足の甲の部分で蹴るキック。もっとも強いボールを蹴ることができ、ロングパスやシュート、クリアなどに使われる。

42·64ページを見よう!

トーキック

足のつま先の部分で蹴るキック。蹴り足の小さな振りで強いボールを蹴ることができるが、コントロールが難しい。

72ページを見よう!

指導のPOINT 真っすぐボールを飛ばす

キックの基本はボールの真ん中を蹴って真っすぐに飛ばすことです。子どもたちが遊びでカーブや無回転ボールなどを試すのは一向にかまいませんが、やりすぎてキックのフォームに影響したり、いつもボールに回転がかかったクセの強い軌道のキックになるのは避けるようにしましょう。

ボールの真ん中をいつも意識できるようになったら、下を蹴って浮かせたり、こするように蹴って回転をかけたりしていこう。

キックの基本は、ボールの真ん中を蹴《け》ることです。簡単《かんたん》なようで、動いているボールの真ん中をしっかりと蹴ることは難《むずか》しいので、いつも意識《いしき》してキックしてください。そしてボールを蹴る足の部分もさまざまで、蹴る場所によってスピードや正確性《せいかくせい》に違いが出るので、たくさんボールに触《ふ》れていろんなキックを試《ため》していきましょう。

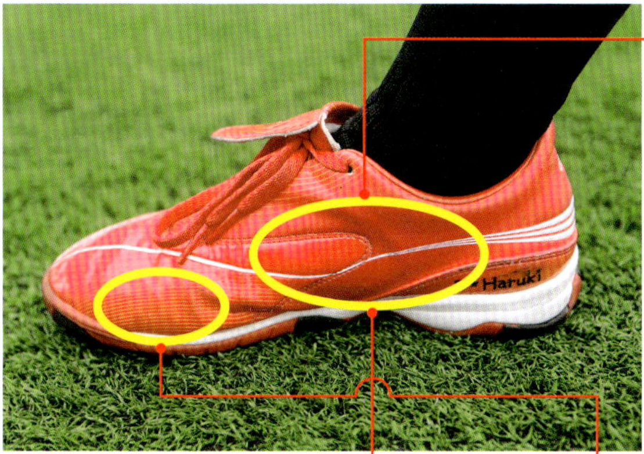

インサイドキック

足の内側の平らな面を使って蹴るキック。もっとも正確に蹴ることができるので、パスやシュートなどに使われる。

38·62 ページを見よう!

ボレーキック

空中に浮いているボールをインステップやインサイドで蹴るキック。シュートやクリアのときに使われる。

48·68 ページを見よう!

インフロントキック

足の内側の親指のつけ根の部分を中心に蹴るキック。ボールに縦の回転をかけた浮き球のパスや、カーブをかけたフリーキックに使われる。

46·76 ページを見よう!

アウトサイドキック

足の外側の面で蹴るキック。小さな蹴り足の動きで蹴ることができるので、近い味方へのパスや、ゴール前のシュートに使われる。

44·66 ページを見よう!

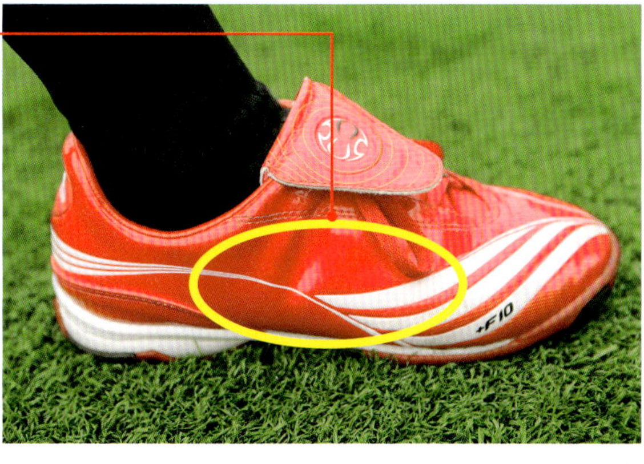

インサイドでキック!①

ステップ 1-1 足の内側の広い部分で蹴る

足の内側の広い部分でボールをとらえるインサイドキックは、もっとも正確《せいかく》な（思い通りに飛びやすい）ボールを蹴《け》ることのできるキックです。サッカーの蹴るという技術《ぎじゅつ》の中で一番の基本となるキックですので、何よりも最初におぼえてください。足首を固定《こてい》して、ボールを押し出すように蹴ることがポイントになります。

4 ボールを押し出すイメージでフォロースルーする。

3 インサイドの中心でボールの真ん中をインパクト。

ZO《ぞ》NO《の》コーチからのアドバイス!

足首を固定する

ボールを初めて蹴ったとき、真っすぐにボールが飛ばないことが多いと思う。この一番の原因は、足首がグラグラしているからなんだ。足とボールがぶつかる瞬間は、かなりの衝撃(ショック)があるのだから、足首をしっかりと固定してボールを前に飛ばすイメージを持とう!

ボールを蹴るショックに負けないように足首を固定する。

1 ボールをよく見て助走し、軸足(左足)を踏み出す。

2 軸足をボールの横に踏みこみ、蹴り足を振り上げる。

インサイドでキック!②

ステップ 1-1 ボールと軸足の位置が大切

1 ボールの横に軸足（左足）を踏みこむ。

2 軸足のヒザを軽く曲げて蹴り足（右足）を振る。

3 蹴り足の内側の面で押し出すようにインパクト。

ボールの横に踏みこむ！
つま先を蹴る方向に向ける！

すべてのキックにいえることですが、ボールと軸足《じくあし》を踏みこむ位《い》置《ち》が重要なポイントになります。インサイドキックでは、ボールの横に軸足を踏みこむことで、蹴《け》り足を振りやすくします。このとき、軸足のつま先は、ボールを蹴る方向にしっかりと向けてください。また、軸足のヒザは軽く曲げて体のバランスをとりましょう。

軸足をボールの横に踏みこんで、両足のラインが90度になるのが理想。

軸足がボールのかなり後ろだと、体のバランスがくずれてスムーズに蹴れない。

指導のPOINT

個性を尊重する

インサイドキックは、ボールの横に軸足を踏みこむことが基本ですが、絶対にボールの真横でなければ間違いというものではありません。ボールの少しだけ斜め後ろのほうが、蹴り足を振り抜きやすいなど、微妙な感覚は人それぞれです。極端な場合は別として、基本をしっかりと踏まえたうえで、個性も尊重してあげてください。

インステップでキック!

ステップ 1-2 強く遠くに蹴れるキック

足の甲《こう》の部分《ぶぶん》でボールをとらえるインステップキックは、もっとも強く、遠くにボールを蹴《け》ることができます。試合の中ではシュートやロングパス、ディフェンスのクリアの場面《ばめん》でよく使われます。ポイントは、ボール横に踏みこむ軸足《じくあし》の位置をインサイドキックのときよりも少し離《はな》し、足首を真っすぐ伸《の》ばして固定《こてい》することです。

1 ボールの少し斜め方向から走ってボールに向かう。

2 軸足（左足）をボールの横に少し離して踏みこむ。

両手でバランスをとる!
足首を真っすぐに固定する。

ZONO《ぞの》コーチからのアドバイス!

軸足の位置の違い

インステップキックの場合、あまり軸足の位置がボールに近いと蹴り足が振りにくいので、少しボールから離して蹴ってみよう。インサイドで蹴るときとの違いを確認しておくといいと思うよ!

インステップではボールから少し離して踏みこむ。

インサイドではボールから近い位置に踏みこむ。

3 足の甲でボールの中心を強くインパクトする。

4 バランスをとりながらフォロースルーをとる。

ボールの中心をとらえる!
最後まで足首を固定しておく意識で!

アウトサイドでキック!

ステップ 1-3 足の外側の広い面で蹴る

足の外側の広い面でボールをとらえるアウトサイドキックは、走りながら小さな動きで蹴《け》ることができるので、せまいスペースでのパス交換《こうかん》やゴール近くでのシュートなどに使うととても有効《ゆうこう》です。踏みこむ軸足《じくあし》はボールの横ではなく少し後ろになります。また他のキックに比《くら》べ、足首がぐらつきやすいので意識《いしき》して固定《こてい》しましょう。

1 ボールの後ろから走ってボールに向かう。

2 軸足（左足）をボールの少し後ろに踏みこむ。

ボールの後ろに踏みこむと
蹴り足を振りやすい!

ZO《ぞ》NO《の》コーチからのアドバイス!

ボールを押し出す

アウトサイドキックのポイントは、足の外側の面でボールの中心をしっかりと押し出すことなんだ。ボールに回転をかけるようにカットするキックもあるけど、それは押し出すキックをマスターしてからにしよう!

蹴り足を目標に向けて真っすぐ押し出すキック。

蹴り足を振り上げてボールに回転をかけるキック。

つま先を内側に曲げて固定する!

3 足首を固定することを強く意識してインパクト。

4 目標にボールを押し出すイメージでフォロースルー。

体ごと押し出すイメージ!
足の外側の面で押し出す!

インフロントでキック!

ステップ 1-4 ボールを浮かせるキック

足の内側の親指のつけ根あたりでボールを蹴《け》るインフロントキックは、ボールを浮《う》かせるときやカーブをかけるときに使います。試《し》合《あい》では、ロングパスや相手の頭上《ずじょう》を越《こ》すパスとして有効《ゆうこう》です。ポイントは、つま先からボールの中心の下にすべりこませて蹴ること。上半身を少し後ろへたおし、すくい上げるイメージを持ちましょう。

1 ボールの少し斜め後ろからボール横に軸足（左足）を踏みこむ。

2 蹴り足のつま先をボールの中心の下に入れてインパクト。

3 足首を固定したままフォロースルーをとる。

ボールをすくい上げて押し出すイメージ!
少し後ろに体重が残る!

指導のPOINT 浮き球を蹴ることを意識する

インフロントキックは、フリーキックなどでよく目にする強いカーブ回転のキックと思われがちですが、それ以上にしっかりとした浮き球を蹴ることを最優先しましょう。カーブさせることばかりを意識すると、フォームをくずす原因にもなります。

ボールにカーブ回転をかけることよりも、しっかりと浮いたボールを蹴ることを意識させる。

上半身を少したおすイメージで後ろへ体重を残しながらインパクトする。

ボールの中心の下に、つまさきから入れてインパクトすると、ボールは自然に浮く。

ボレーでキック!

ステップ 1-5 浮き球をダイレクトで蹴る

浮《う》いているボールをダイレクトで蹴《け》るボレーキックは、ボールが落ちてくる力を利用するので、正確《せいかく》にミートすれば勢《いきお》いのあるボールを蹴ることができます。試合《しあい》ではシュートやクリアの場面《ばめん》でよく使われます。大切なことは、どのポイントでボールをとらえるか。ボールの中心を正確に蹴れるように、その軌道《きどう》を見極《みきわ》めましょう。

1 ボールが落ちる軌道を見て軸足（左足）を踏みこむ。

2 タイミングを合わせて蹴り足を振り上げる。

3 ボールの中心を足の甲で正確にミートする。

ボールを見て
タイミングを合わせる!
しっかり踏みこんで
バランスをとる!

ZONO《ぞの》コーチからのアドバイス!

足首を固定して最後までボールを見る

ボレーで蹴るときは、落ちてくるボールの勢いに負けないようにしっかりと足首を固めよう。あと、ボールの中心をインパクトしないと、回転がかかって変なところに飛んでしまうので、ボールを最後まで見ることが大切だよ!

足首を伸ばすように固定し、インパクトの瞬間もボールから目を離さない。

上半身をリラックスさせて軸足を踏みこむ。

ヒザから前に出すように蹴り足を上げる。

ヒザから下の足を鋭く振ってインパクトする。

キックの練習《れんしゅう》①

1対1の対面パス

練習のやり方

2人1組で5〜10メートルの距離で対面し、いろいろなキックを使ってパスを交換する。慣れてきたら距離を伸ばしたり、トラップをしないでダイレクトで蹴るなど難易度を上げていく。

指導のPOINT 最初は正確性を重視する

誰でも100パーセントの力で蹴り足を振り切れば、それなりに強いボールが飛びますが、正確性は望めないでしょう。キックで最初に必要なのは正確性だということを理解し、それでは50パーセントの力ならどうか、というように段階を踏んで練習してください。

キックの練習で大切なことは、どこをねらうのか、どの種類《しゅるい》のキックで蹴《け》るのか、スピードはどのくらいかを意識《いしき》することです。何も考えずにボールを蹴り合うだけでは、上達《じょうたつ》できないのです。
そして練習をくり返すなかで、自分がもっとも蹴りやすい軸足《じくあし》の位置《いち》やキックのフォームを見つけ出しましょう。

気をつけたいポイント!

①自分に合う軸足の位置を見つける
②足首の形と固定のしかたをおぼえる
③蹴り足の振り方をおぼえる
④軸足のヒザのクッションを使う
⑤上半身の動きをおぼえる
⑥ボールが飛んだ方向を確認する

ZONO《ぞの》コーチからのアドバイス!

レベルを少しずつ上げる

対面パスの練習では「相手が受けやすいところに蹴る」という気持ちを持つことが大切だよ。最初は相手の体の真ん中にボールがいくように蹴り、少しずつレベルアップして、相手の右足、または左足というように目標を小さくしていこう!

ねらうところにピンポイントで蹴れるキックの技術は、パスでもシュートでも最高の武器になるはずだ。

キックの練習《れんしゅう》②

ボレーキックをマスターする

自分で投げたボールをボレーする

練習のやり方

両手で持ったボールを自分の体の正面に落とす。ワンバウンドさせたボールにタイミングを合わせてボレーする。

指導のPOINT 慣れてきたらダイレクトで蹴る

ボレーキックは、プロの選手でも空振りすることがある難しい技術です。落下するボールにうまく合わせるには練習を重ねるしかありませんが、バウンドさせたボールを蹴れるようになったら、ダイレクトで蹴ってみたり、高く投げ上げてみたりしてレベルを上げていきましょう。

キックの練習は、止まったボールを蹴《け》ることから始《はじ》め、次に動いているボールを蹴るというように段階《だんかい》を踏《ふ》んでいけばいいのですが、ボレーキックは、動く（落ちる）ボールを最初から蹴る必要があります。そこで、まずは自分で落としてバウンドさせたボールを蹴る練習、そして次に相手に投げてもらって蹴る練習をしてみましょう。

相手に投げてもらったボールをボレーする

練習のやり方

相手にボールを正面に投げてもらい、ダイレクトでボレーする。蹴ったボールは相手の正面に返すように。

ZO《ぞ》NO《の》コーチからのアドバイス!

両足で蹴るクセをつける

キックでもトラップでも、自分の利き足を使うことが多いと思う。だけど、小さいうちに利き足じゃないほうの足も使えるようにしておけば、大きくなってきっと「よかった」と思えるはずだよ。練習でも試合でも両足を使うように意識しておこう!

キックの練習《れんしゅう》③

コーンを使ってトラップ&キック

練習のやり方

約10メートルの距離にゴールに見立てたコーンをおき、2人1組でコーンの間にキックする。ボールをトラップするとき、コーンの外側にボールを持ち出してからキックすることがポイントになる。

指導の POINT

レベルに合わせた難易度

この練習では、レベルに合わせて難易度をさまざまに設定することができます。おたがいのゴールまでの距離やゴールの幅、そしてワントラップでキックまで持っていくなどの制限、または時間を決めて何本ゴールできるか他の組と競争するのもいいでしょう。

試合《しあい》でキックするときは、フリーキックなどのセットプレーをのぞいて、基本的《きほんてき》にボールも自分も動きながらになります。トラップやドリブル、キックなどのプレーをスムーズにつなげるために、ボールをトラップしてからキックする練習をしてみましょう。両足を使って左右にコントロールしてキックすることが大切です。

1
ゴールを通過してきたボールをトラップしてゴール右外側へ持ち出す。
慣れてきたらワンタッチで持ち出せるように!

相手ゴールを確認してキックの体勢に入る。
2
3
相手ゴールの間を通すようにキック。次にボールが来たら逆側へボールを持ち出すように。

コーンにボールがぶつかったらミス1などとルールをつくる。

前園コーチから みんなへのメッセージ

キックについて

このごろの子どもたちを見ていると、リフティングなどのボール扱《あつか》いはすごくうまくなったと思う。だけど、逆にサッカーの基本となるキックの正確《せいかく》さには欠けているような気がするんだ。

僕が小さなころは練習のバリエーションも今ほど多くはなかったので、シンプルに2人1組で向き合ってキックの練習をしていたんだ。ステップをしながら足を止めないでリズムよくパスを出し、次に相手のパスをトラップする。最初は近い距離《きょり》から始めて、慣れてきたらだんだん距離を離していく。その練習で意識《いしき》していたのは、ねらったところに正確にボールを送ること。たとえば相手の右足だったら、右足にぴったりとボールがおさまるように心がけて練習をしていたね。ねらったところにボールを蹴《け》ることができないと、動きの中で味方の走っているスペースにパスを出すのはもっと難しくなる。キックはサッカーの中でも、もっとも重要《じゅうよう》な技術《ぎじゅつ》なんだ。

キックの練習で大切なのはたくさんボールを蹴って、自分のフォームを探し出すこと。人はそれぞれに骨《こっ》格《かく》も筋力《きんりょく》も違うので、必ずしも本に書かれているようなフォームが自分に合っているとは限《かぎ》らない。たとえばベッカムのキックは本のマニュアルの中にはないフォームだよね。だけど、ベッカムは独自《どくじ》の蹴り方を子どものころから身につけて、正確なキックを蹴れるようになったはず。だから、まずはボールを蹴ってみて、その中で正確にボールを蹴る自分の形を見つけ出そう！

ねらったところに蹴る、自分のキックのフォームを身につけよう！

PART3

ゴールを決めよう！

シュートはゴールへのラストパス

サッカーのハイライトはゴールです。試合《しあい》で自分のチームがゴールを決めたときは大きな喜《よろこ》びを感じるはずです。そしてそれが自分のシュートで奪《うば》った得点となると、その喜びはさらに倍増《ばいぞう》するでしょう。シュートで一番大切なことは、確《かく》実《じつ》にゴールの枠《わく》をとらえること。強いシュートよりも、まず心がけるのはキックの正確性《せいかくせい》です。キーパーの守備が届かないところにパスをするというイメージでシュートしましょう。

このパートの目的と指導ポイント

1 シュートの前《まえ》の準備《じゅんび》

シュートを打てるタイミングというのは試合中もそう多くはありません。そこで大切になるのはシュートの前の準備です。シュートの直前にキーパーの位置を確認することを習慣づけましょう。

2 ゴール枠《わく》を外《はず》さない

どんなに強いシュートを打ってもゴールから外れてしまえば、何度打っても点はとれません。大切なのはゴールの枠を確実にとらえること。そのためには正確なキックを身につける必要があります。

3 自分《じぶん》の得意《とくい》な形《かたち》を見《み》つける

さまざまな状況からのシュートをくり返し、自分の得意なシュートパターンを身につけます。シュートを打ちこんでゴールネットを揺らすことで、さらに練習に面白さを感じるはずです。

シュートの基本《きほん》

キックを使い分けて四隅をねらう

ねらい目のコース

シュートをねらう基本のコースは、左右のゴールポストの四つの隅になる。さらに、キーパーの位置や体勢によっては頭の上を越えたり、両足の間を抜くコースも有効だ。

指導のPOINT　みんながシュートできる環境をつくる

試合では、せっかくシュートチャンスがあっても躊躇したり、ボールを回してしまう光景を目にします。シュートに自信がなかったり、「外したらどうしよう」という気持ちが強いからですが、指導者としては、誰でもどんどんシュートしていける環境をつくってあげてください。そしてシュートを外しても、「外したこと自体」を注意するのではなく、「なぜ外したのか」を子どもと一緒に考えてください。

シュートの基本はキーパーの手の届《とど》かないところに打つことです。ねらい目のコースは、自分とキーパーの位置《いち》や向きによって変わってきますが、キーパーが中央にいる場合《ばあい》はゴールの四隅《よすみ》のスペースに打ちこみましょう。また、ゴールとの距離《きょり》を見てパワーと正確《せいかく》さのバランスを考えたキックを使うことが大切です。

キックの使い分け

ゴールに近いエリア →インサイドキック!

強さよりも正確さを大切にして、インサイドキックで空いたコースにコントロールシュート。

ゴールから遠いエリア →インステップキック!

正確さも大切だが、より強いボールを蹴ることができるインステップキックでスピードを出す。

敵が多いゴール前 →トーキック!

敵にボールをクリアされる前に、とにかく早くボールに触れるトーキックで敵の意表をつく。

浮いたボールがきたとき →ボレーやヘディング!

浮き球をワントラップする時間がないときは、ボレーやヘディングで空いたコースに打ちこむ。

インサイドでシュート!

ステップ 2-1 勢いがないぶん正確に蹴る

1
2
3

1 送られてくるボールに対しステップを合わせる。

2 左足を踏みこんで軸足にし、右足を振り上げる。

3 インサイドの面を意識してインパクトする。

ゴールキーパーの位置を見る!
上体をかぶせる!
インサイドの面を意識する

インサイドキックのシュートは、もっとも正確《せいかく》にコースをねらえますが、ボールの勢《いきお》いはそれほど速《はや》くないので、ゴールキーパーの手が届《とど》かないところにしっかりと蹴《け》ることがポイントになります。足首を固定《こてい》して内側で面をつくり、ボールを正確にインパクトする。ゴールにパスするように押しこむイメージでシュートしましょう。

4

ボールの行方を確認しながらフォロースルー。

ZONO《ぞの》コーチからのアドバイス!

上体をかぶせる

インサイドキックのシュートは、他のキックと比べるとボールのスピードは遅い。そのなかでより強いボールを蹴るためには、インパクトの瞬間に上体をかぶせる意識を持とう。逆に上体を後ろにそったように蹴ると、勢いも出ないし、ボールが浮いてしまうので注意しよう!

上体をかぶせて蹴ることで、ボールの正確さとスピードが出る。

上体を後ろにそって蹴ると、ボールが浮いたり、スピードが落ちる。

インステップでシュート!

ステップ 2-2 強くて速いシュートを打つ

インステップキックのシュートは、試合《しあい》で使われることの多いテクニックです。ゴールから少し距離《きょり》があるときや、インサイドキックではスピードが足《た》りずにキーパーにふせがれそうなときに、強くて速《はや》いインステップで打ちます。ポイントは、強く蹴《け》るぶん、足へのショックが大きいので、正確《せいかく》なインパクトを意識《いしき》することです。

1

腕を上げながらステップを合わせてボールに向かう。

2 左足を大きく踏み込んで右足を振り上げる。

踏みこみが大きいと
蹴り足を強く振れる!

ZONO《ぞの》コーチからのアドバイス!

コンパクトに振り抜く

インステップキックのシュートで重要なのは、蹴り足をコンパクトに振り抜くこと。シュートチャンスは一瞬だから、なるべく時間をかけないようにしよう。大振りしなくてもボールの中心をミートすれば、強いボールを蹴ることができるはずだよ!

コンパクトにヒザ下を振り抜けば、強くて速いシュートが打てるはずだ。

3 足首を固定して足の甲の部分で強いインパクト。

4 ボールの行方を確認しながらフォロースルー。

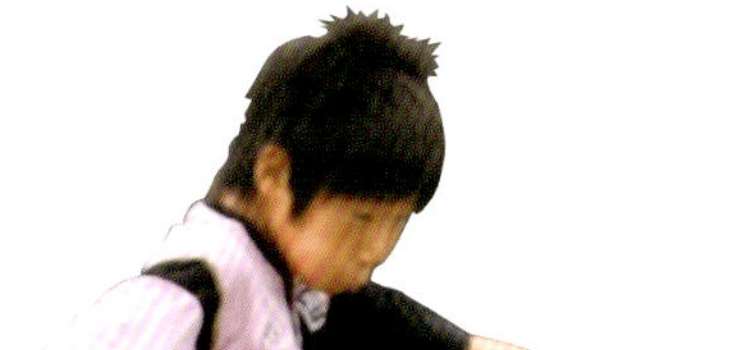

アウトサイドでシュート!

ステップ 2-3 瞬間的にゴールをねらう

キーパーの位置を事前に確認!

内側に曲げて固定する!

2 蹴り足（右足）を振り上げて足首を固定する。

1 ボールがくる方向を見て軸足（左足）を踏みこみにいく。

インパクト前から内側に曲げて固定する。

走っているフォームのまま、足首を内側に曲げるだけでシュートできるアウトサイドキックは、ゴール前の人がたくさんいるスペースで瞬間的《しゅんかんてき》にゴールをねらうときに有効《ゆうこう》です。ポイントは、内側に曲げた足首をしっかりと固定《こてい》すること。走るスピードを生かしながら、足の外側の面で押《お》し出すようにシュートしましょう。

3 アウトサイドで押し出すようにインパクトする。

アウトサイドの面で
ボールを押し出す!
足首を固定したまま
フォロースルー。

ZONO コーチからのアドバイス!

キーパーを見てコースをねらう

アウトサイドキックは、インステップキックなどに比べて、スピードや距離が出ないキックなんだ。だからシュートで使うときは、空いたコースをねらうことが重要。シュートの前に、必ずキーパーの位置を確かめてから打つ習慣をつけよう!

4 ボールの行方を確かめながらフォロースルー。

ボレーでシュート!

ステップ 2-4 威力のあるシュートを打つ

空中に浮《う》いているボールをボレーキックで正確《せいかく》にミートすれば、とても威力《いりょく》のあるシュートを蹴《け》ることができます。ボレーシュートには2種類《しゅるい》あり、体の正面と体の横でキックするものがあります。大切なのはボールを浮かさないこと。落ちてくるボールを最後《さいご》まで見て、体をかぶせるようにボールの中心を正確にミートしましょう。

正面のボレー

1 ボールが落ちてくるタイミングで軸足を踏みこむ。

2 上体をかぶせて足首を十分に固定してインパクト。

3 真っすぐ振った蹴り足が前方へ伸びていくようなフォロー。

ZONO《ぞの》コーチからのアドバイス!

ボールをたたく

ボレーシュートは、正確にミートすれば力を入れなくても強いシュートが打てるから、あまり力まずにボールの中心をたたく意識で蹴ろう。逆にボールの下を蹴ると、上に浮いてしまうので注意が必要だね!

ボールをたたく意識で中心を蹴る。

ボールを下から蹴ると浮いてしまう。

横からのボレー

上体を少したおすと蹴りやすい!
ヒザから下を水平に振り抜く!

1 ボールの軌道に合わせて上体をたおしながら踏みこむ。

2 足首を固定してボールの中心を正確にミートする。

3 横に振った蹴り足が体に巻きつくようなフォローになる。

ヘディングでシュート!

ステップ 2-5 浮き球をおでこの中央でミート

浮《う》き球のセンタリングや、ゴール前で浮いたルーズボールはヘディングでシュートします。大切なのは、飛んでくるボールの落下点《らっかてん》を予想《よそう》し、すばやくポジショニングをとること。ボールをヒットする場所はおでこの中央。あごを引いて体全体の反動《はんどう》を使い、ゴールライン上の地面《じめん》にたたきつけるイメージでシュートしましょう。

1
2
3
体全体のパワーをボールに伝える!

1 ボールの落下点に入り、上体をそらせてボールを呼びこむ。

体全体の反動を使い、おでこの中央でボールをとらえる。

腕は後ろに引き、上体が前に出るフォロースルーになる。

ねらうコース

フワリと浮かせてキーパーの上を越えるヘディングもあるが、基本はキーパーの手の届かないゴールライン上の地面にたたきつけるように打つ。

ZO《ぞ》NO《の》コーチからのアドバイス!

最後までボールを見る

ヘディングシュートで大切なのは最後までボールを見ることなんだ。ボールから目を離すと、頭の上や目に近い部分にあたってミートできないしあぶないよ。そして頭だけでなく、後ろへ引いた上体を前に振ってミートすることでボールに勢いをつけよう!

◎

後ろへ引いた上体を振って、おでこの中央でミート。

✕

ボールから目を離すと正確にミートできない。

トーキックでシュート!

ステップ 2-6 相手の意表をついて打つ

1 向かってくるボールのスピードを確認する。

2 ボールの後方に軸足を踏みこんで蹴り足を軽く上げる。

3 上体をかぶせてつま先でボールの中心をつつく。

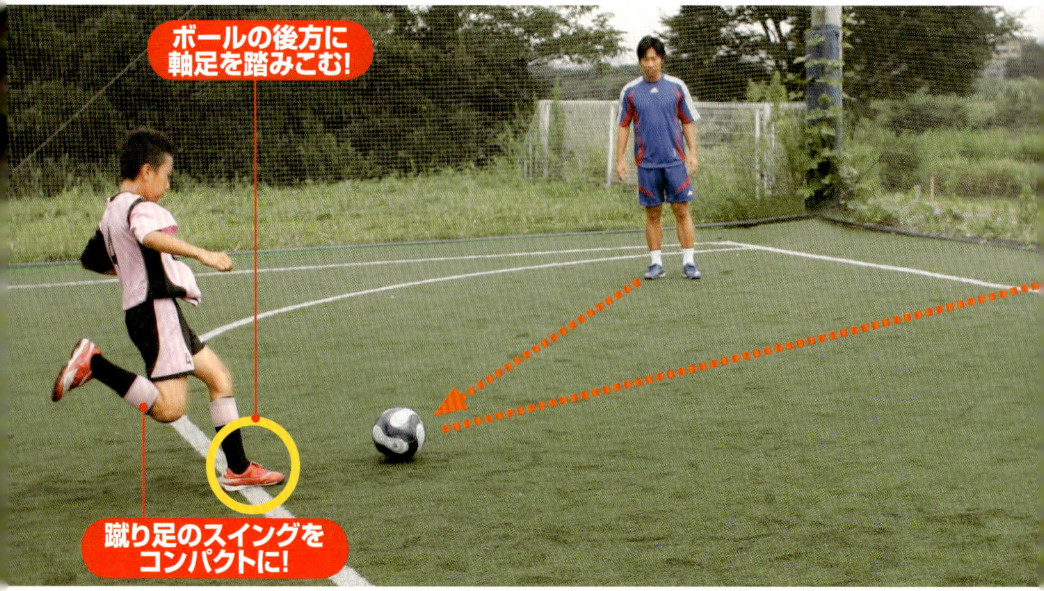
ボールの後方に
軸足を踏みこむ!
蹴り足のスイングを
コンパクトに!

ボールの中心を足のつま先でつつくようにキックするトーキックは、キックのなかで一番小さな動きで蹴《け》ることができます。そのため、ゴール前の混戦《こんせん》やスペースのない場所でシュートするときに有《ゆう》効《こう》です。トーキックは正確性《せいかくせい》には欠《か》けますが、相手キーパーやディフェンダーに予測《よそく》されにくいので、ぜひ試合《しあい》で使ってみましょう。

4

フォロースルーでも足首を固めた状態にしておく。

ZONO《ぞの》コーチからのアドバイス！

コンパクトに足を振る

トーキックのシュートは、なるべく小さな動きで蹴ることが大切なんだ。だから蹴り足を大振りしない。コンパクトに足を振ることで、相手の意表をついたシュートにもなる。ボールの中心を蹴る意識を強く持てば、強いシュートが真っすぐ打てるはずだよ！

コンパクトにボールの中心を蹴り、強く真っすぐなシュートを目指そう。

フリーキックを決《き》める!①

インステップで壁のないコースへ

POCARI SWEAT
ボールをつぶす
イメージで押し出す!

壁の部分から突然キーパーの視界にボールを飛びこませるイメージで蹴り足を振りきる。

1
2
3
C

1 バランスをとりながら助走し、強く軸足を踏みこむ。

2 蹴り足のヒザ下部分を速く振ってインステップでインパクトする。

3 キーパーの逆をつく、または反応できないほど強く速いゴール。

試合《しあい》のなかの得点場面《とくてんばめん》を見ると、セットプレーからの得点がとても多くなってきています。特《とく》に相手ゴール前での直接《ちょくせつ》フリーキックは得点のチャンスが高いので、まずは相手の壁《かべ》がない方向にインステップキックでねらう方法《ほうほう》をおぼえましょう。ポイントは、キーパーが反応できないほど強く速《はや》いボールをゴール角《すみ》に蹴《け》ることです。

フリーキックを決《き》める!②

インフロントで壁の上を通す

壁の上を越すように曲げれば、キーパーの位置からもっとも遠いコースにゴールできる。

指導のPOINT 最初はコントロール重視

フリーキックは、とにかく何本も蹴って感覚をつかむことが大事です。最初は、弱いボールでもねらったところに飛ばすコントロールを重視し、慣れてきたら徐々に強く打てるように指導してあげてください。

ゴール前のエリアでのフリーキックの技《わざ》をもうひとつ紹介《しょうかい》しましょう。自分の目の前に敵の選手がならんで壁《かべ》をつくっていますが、その壁の上を通してキーパーの位置《いち》からもっとも遠いコースにゴールします。蹴《け》る足の場所は親指つけ根のインフロントの部分《ぶぶん》。ボールをこすり上げるようにして強い回転《かいてん》をかけることが大切です。

ボールに斜めの回転をかける!
軸足側に回すような蹴り足の軌道!

1 バランスをとりながら助走し、軸足を強く踏みこむ。

2 インフロントでボールの斜め下をこすり上げるように蹴る。

3 蹴り足が軸足側に巻きこまれるようなフォロースルーになる。

ボールの斜め下から足を入れ、ボールに強い回転をかける。

ポストを使《つか》ったシュート練習《れんしゅう》

シュートするまでのパターンを増やす

練習のやり方

シュートする選手はゴール前のポスト役の指導者にパスを送り、リターンパスをもらってシュートまで持ちこむ。

指導のPOINT パスの出し方を工夫する

ポスト役の指導者は、出すパスの方向を前や横へ変えたり、わざと浮かせたりしてバリエーションをつけてあげましょう。そうすることで、ゴール前でどんなボールにもあわてず対応できるようになります。また、選手ひとり一人のボールへのアプローチのしかた、シュートフォーム、コースなどをしっかりと確認してあげてください。

ゴール前で自分にパスがきたときのすばやい判断《はんだん》と対応《たいおう》する力を養《やしな》う練習です。ポスト役の指導者《しどうしゃ》(または選手)にパスを送り、再《ふたた》び返されたボールをいかにうまくシュートまで持ちこむか。ダイレクトに打ってもいいですし、一度トラップして動きに変化をつけるのもいいでしょう。たくさんのパターンに挑戦《ちょうせん》してみてください。

ポストからのパスをダイレクト、またはコントロールしてシュートする。

ポストからの浮いたパスなどにもすばやく対応し、シュートまで持ちこむ。

ZONO《ぞの》コーチからのアドバイス!

すべての動きをつなげて考える

シュートは、ボールを打つ瞬間だけが大切ではないんだ。打つ前のキーパーの位置の確認や、送られてくるボールへ向かう走り方からシュートの動きが始まっていると考えて練習しよう!

シュートはそれまでの動きの最後のまとめと考えよう。

浮《う》いた球《たま》をシュートする練習《れんしゅう》

ヘディングとボレーの感覚をつかむ

練習のやり方

指導者はゴール前に浮き球を投げ、選手がヘディングやボレーでシュートする。ボールへ向かう走り方、シュートフォームやコースを確認する。

指導のPOINT 最初はワンバウンドで

浮き球を蹴るボレーシュートは、ほかのキックと違って蹴り足を横から振るという難易度の高い技術です。ボディバランスやインパクトのタイミングをつかむために、最初は高くワンバウンドさせたボールを打つことで、その感覚を徐々に養っていきましょう。

地面《じめん》を転《ころ》がるグラウンダーのボールと違《ちが》い、空中にある浮《う》き球のシュートは難《むずか》しいものです。ヘディングでもボレーでも、ボールが落下《らっか》する位置《いち》を予想《よそう》して走りこみ、ボールをインパクトする位置まで呼びこむことが大切になります。指導者《しどうしゃ》にボールを浮かせて投げてもらい、シュートするときのフォームやコースを確認《かくにん》しましょう。

ZO《ぞ》NO《の》コーチからのアドバイス!

ボールの中心をとらえる

ヘディングならおでこの中心、ボレーなら足の甲の真ん中でボールの中心をとらえることが大切なんだ。かなり難しいことだけど、そのことを強く意識して打つだけでも、違いが出るはずだよ!

ボールの中心をとらえてねらったコースに打つ。

ボールの下や上をとらえると、シュートが浮いたり力のないゴロになったりする。

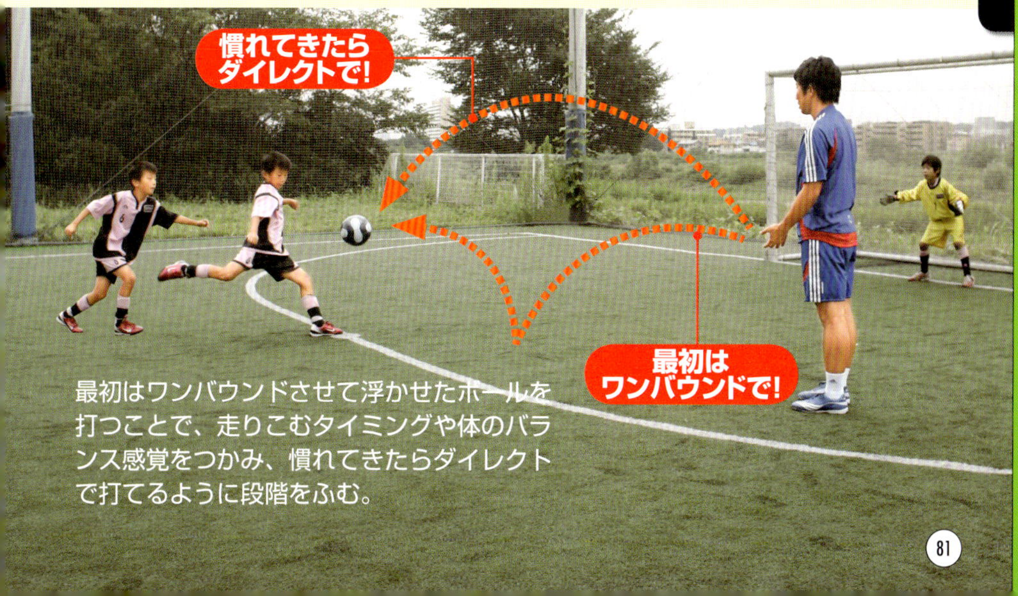
慣れてきたら
ダイレクトで!
最初は
ワンバウンドで!

最初はワンバウンドさせて浮かせたボールを打つことで、走りこむタイミングや体のバランス感覚をつかみ、慣れてきたらダイレクトで打てるように段階をふむ。

前園コーチからみんなへのメッセージ

シュートについて

サッカーはゴールを奪《うば》い合うゲーム。そのゴールを決めるためには、落ちついて自分のねらったところにボールを送りこむことが重要《じゅうよう》になるんだ。

世界の一流の選手にくらべれば、日本の選手のシュート技術《ぎじゅつ》は決してうまいとはいえない。じゃあ、どうすればいいかといったら、やっぱり練習しかない。シュートの練習をするときに気をつけたいのは、1本1本のシュートの中に目的意識《もくてきいしき》を持つことなんだ。ただ単《たん》に流れの中でボールが来たからシュートを打つというのではなく、シュートを打つときにインサイドでボールを蹴《け》るのか、インステップで蹴るのか。またゴールのどの位置をねらうのかを意識することが大切だね。

シュートはパスの延長《えんちょう》だということをおぼえておいてほしい。ゴールキーパーの届かない場所にボールを正確《せいかく》に送りこむ。ゴールの枠《わく》の中をしっかりととらえるキックの技術を身につけなければ、シュートはうまくはならない。そして練習のときには強いボールを蹴るよりも、まずは正確なキックを心がけよう。そして少しずつシュートレンジを長くしていく。その練習をつみ重ねることで、試合の中でも冷静《れいせい》にシュートが打てるはずだよ。

1996年に開催《かいさい》されたアトランタ・オリンピックの出場権をつかんだアジア最終予選のサウジアラビア戦で、僕は2ゴールしたんだ。その2ゴールともに僕はインサイドキックでシュートしたよ。その技術は僕が子どものころに身につけたもの。正確にゴールにボールを送りこむというシュートだったんだ。

正確に蹴ることから始めて、少しずつ強さや距離を伸ばしていけば、シュートの技術はぐっと良くなるはずだよ！

PART4

ボールをコントロールしよう!

想像力《そうぞうりょく》豊《ゆた》かなプレーをする

キック、トラップ、ドリブルなどサッカーの技術《ぎじゅつ》は、すべてつながっていると考えてください。特《とく》にトラップは、相手からボールを受け、自分が「次のプレー」をもっともやりやすい場所にボールをコントロールする技術です。ボールを止めることができても、この次のプレーがうまくいかなければトラップ失敗です。次のプレー、そしてその先のプレーまで創造力豊かにしてボールを受けましょう。

このパートの目的と指導ポイント

1 ボールを確実《かくじつ》に止《と》める

自分に向かってくるグラウンダー（転がる）のボールや浮き球を、足もとにぴたりと止めることから始めましょう。ボールのコースをしっかり見て、その正面に体を向けることがとても大切になります。

2 次《つぎ》のプレーにつなげる

トラップでは、ボールを止めることが「目的」ではなく、次のプレーに移るための「手段」と考えましょう。浮き球を受けた後に右足でキックがしたいとき、どこにボールを落とせばいいかなど、選手自身で考えることが必要です。

3 自分《じぶん》に有利《ゆうり》な状況《じょうきょう》をつくる

レベルの高い選手のプレーを見ると、スピードがとても速いことがわかります。しかし、それは走る速さだけでなく、ボールコントロールにムダな動きがなく、いつも自分に有利な状況をつくり出しているからなのです。

足《あし》の裏《うら》でトラップ！

ステップ 3-1 ボールの正面にすばやく入る

足の裏《うら》のトラップでは、ボールが飛んでくるコースの正面に入ることが大切です。体の横でトラップすると正確《せいかく》にコントロールできないので、すばやく体の位置《いち》を修正《しゅうせい》しましょう。ボールを押さえるときは軸足《じくあし》のヒザのバネをやわらかく使い、トラップする足の角度《かくど》は地面《じめん》と45度に。地面と足でボールをはさみこむようにしましょう。

1 ボールがくるコースの正面に体を持っていき、トラップする足を上げる。

2 足の裏を地面に対して45度の角度にして、ボールをむかえ入れる。

3 地面と足の裏でボールをしっかりとはさみこみ、コントロールする。

指導のPOINT 角度をつけてむかえる

足の裏を使ったトラップは、転がってきたボールを45度ぐらいに角度をつけた足の裏と地面とでボールをむかえ入れるようにはさみこみます。真上から押さえつけるように地面と平行に下ろしても、ボールを後方にそらしてしまうことが多くなります。

また、角度をつけたときと真上から押さえたときでは、視線の角度にも違いが出ます。次のプレーにすばやく移ることがトラップの極意だけに、ボールを止めたときの角度に注意してあげましょう。

角度をつける

地面と45度の角度で足首を固め、ボールをむかえ入れる。体の前でボールを止めるので、すぐに顔を上げてまわりを見わたすことができる。

真上から押さえつける

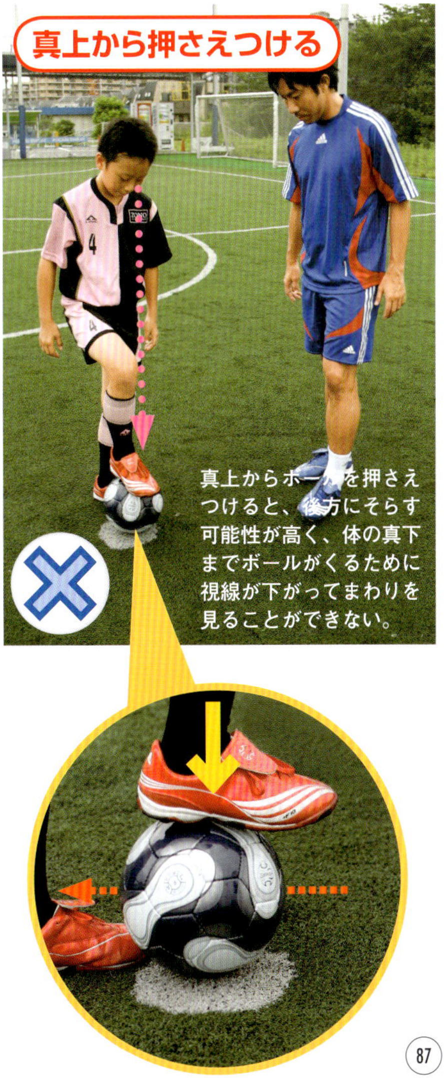

真上からボールを押さえつけると、後方にそらす可能性が高く、体の真下までボールがくるために視線が下がってまわりを見ることができない。

インサイドでトラップ!❶

ステップ 3-2 足首を固定してつま先を上げる

インサイドのトラップで大切なことは、まずボールの正面に体を入れること。足だけ伸《の》ばしてトラップする選手が多いので注意です。トラップする足の足首はつま先を上げて固定《こてい》し、逆に軸足《じくあし》のヒザや上半身はリラックスすることが基本です。ボールが足に当たった瞬《しゅん》間《かん》、足を少し後ろに引くイメージでボールの勢《いきお》いを吸収《きゅうしゅう》しましょう。

ボールのコースにすばやく入り、トラップする右足を上げる。

足首を固定し、足の内側の広い面でボールの勢いを吸収する。

勢いを吸収されたボールが、足もとに転がるのを確認する。

指導のPOINT 十分に練習しよう

インサイドを使ったトラップはボールを扱う足の面も広く、基本となるものなので、徹底的に練習してください。つま先を上げて固定できているかなどをチェックしつつ、ボールとインサイドの面の角度も見てあげましょう。

ボールに対して直角にインサイドの面を当てれば、ボールは目の前に止まる。

4

トラップした右足を地面に下ろし、左足で1歩目を出す。

ZO《ぞ》NO《の》

コーチからのアドバイス!

体の正面で受ける

インサイドのトラップは、とにかくすばやくボールの正面に体を入れよう。正面で受ければヒザも自然に曲がり、ボールの勢いを吸収しやすいはずだよ!

◎ ボールをよく見て正面に入ると、コントロールしやすい。

× ボールから目を離したり足だけ伸ばすと、次のプレーに移れない。

インサイドでトラップ!②

ステップ 3-2 方向を変えて大きく持ち出す

指導のPOINT 体全体を行きたい方向に向ける

押し出すトラップは、軸足を中心に体全体を行きたい方向に開くようなイメージでボールを押し出すことです。軸足のヒザと上半身をリラックスさせ、スムーズに体の向きを変えられるように、最初は弱い勢いのボールで試してみましょう。

軸足（左足）を踏みこんでトラップする足（右足）を上げる。

体を行きたい方向に開いてインサイドの面でボールを押し出す。

体ごとボールを押し出すようにしてそのままドリブルする。

相手が近づいてきているときは、インサイドで足もとに止めるのではなく、方向を変えて持ち出すようなトラップをしてみましょう。ポイントは、ボールが当たる瞬間《しゅんかん》にヒザ下の力を抜いて勢《いきお》いを吸収《きゅうしゅう》しながら押し出すことです。自分の行きたい方向にインサイドの面を向けるイメージを持ちましょう。

押し出すトラップ

ボールがくる方向ではなく、行きたい方向に体を向けて、体ごとボールを押し出すことがポイント。

足もとに止めるトラップ

押し出すトラップとの違いは、ボールがくる方向に体を向けて、正面でボールを止めること。

ZONO《ぞの》コーチからのアドバイス!

一発で相手を抜く

インサイドで方向を変えるトラップは、ボールを押し出す力を強くしたり弱くしたりすることで、相手を一発でかわすこともできるんだ。相手が近づいてからフェイントをかけるよりも、このトラップのほうが簡単なので、ぜひマスターしたいテクニックだね!

アウトサイドでトラップ!

ステップ 3-3 すばやい移動に便利なトラップ

止めるトラップ

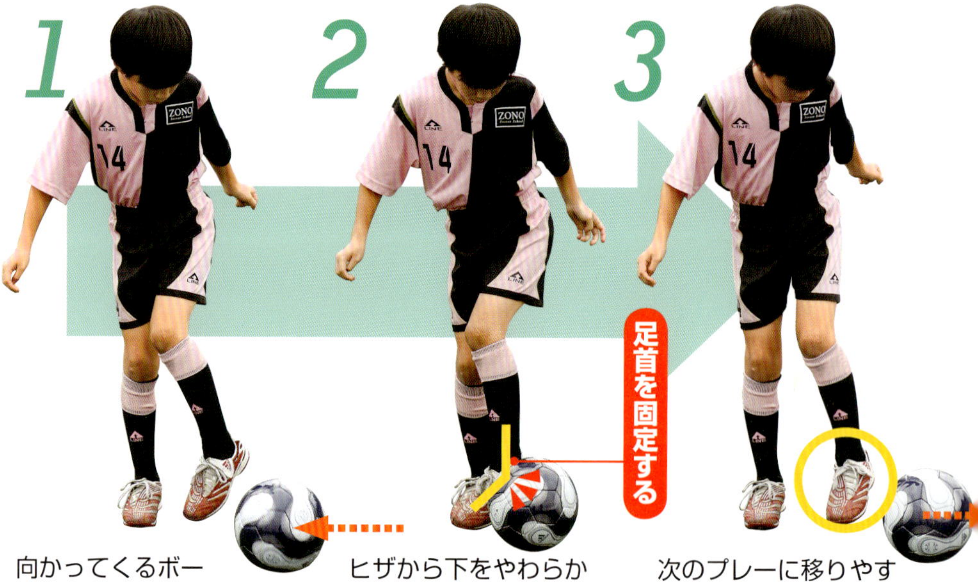

1 向かってくるボールに対して半身で構える。

2 ヒザから下をやわらかく使いボールの勢いを吸収する。

3 次のプレーに移りやすい場所にボールをコントロールする。

ZO《ぞ》NO《の》コーチからのアドバイス!

足首をグラつかせない

アウトサイドのトラップで大切なのは足首を固定すること。足首がグラついていると、ボールの勢いを吸収できなかったり、大きくはねてしまうので注意しよう!

足首を固定することで、ボールを自分の思うところにコントロールする。

アウトサイドのトラップは、ボールを受けながら横（または斜《なな》め）へ動かせるので、すばやい移動ができます。ポイントは、トラップする足を1歩前に出して半身《はんみ》の状態でボールをコントロールすること。足首は固定《こてい》したまま、軸足《じくあし》のヒザ、そして上半身は力を抜いてリラックスした状態でボールの勢《いきお》いを吸収《きゅうしゅう》しましょう。

押し出すトラップ

1 軸足（右足）を踏みこんでトラップする足(左足)を上げる。

2 足首を固定して外側へはらうようにボールを押し出す。

3 ボールを運んだ方向にすばやく体勢を向けてドリブルする。

指導のPOINT 段階を踏んで練習する

アウトサイドのトラップは、まず自分の足もとに正確にボールをストップできるようになるまで反復練習をさせましょう。そして次の段階として、角度を変えてボールを押し出すようなトラップの練習に移ります。これは一発で相手マークをかわせるトラップで、より実戦的な技術になります。

ショートバウンドのトラップ!

ステップ 3-4 すばやく動ける実戦的なトラップ

ボールが地面《じめん》に弾《はず》むショートバウンドの瞬間《しゅんかん》にトラップする技術《ぎじゅつ》は、トラップの動きからそのままボールを持ち出せるので、試合《しあい》ではとても役立ちます。ボールが落ちてくるタイミングに合わせて足をボールにかぶせて、ボールを大きく弾ませないことが大切です。インサイドとアウトサイドの両方をマスターしておきましょう。

インサイド

落ちてくるボールにタイミングを合わせて体全体をかぶせる。

インサイドでボールを地面とはさみこむように勢いを吸収。

ボールを運んだコースに体を向けてドリブルを始める。

ZONO《ぞの》
コーチからのアドバイス！

体全体でかぶせよう

ショートバウンドのトラップのコツは、落ちてくるボールに対して斜め上から体全体をかぶせるイメージでやることが大切なんだ。インサイドでもアウトサイドでも、足先だけでやるとボールをうまく運べないので注意しよう！

ボールを運びたい方向に体を斜めにして、体ごとボールにかぶせていく。

アウトサイド

1 落ちてくるボールにタイミングを合わせてトラップする足を上げる。

2 アウトサイドでボールを地面とはさみこむように勢いを吸収。

3 トラップの動きのままスムーズにボールを持ち出す。

インステップでトラップ!

ステップ 3-5 高く上げた足を引き下ろす

1 ボールをよく見て落下点に入り、トラップする足（右足）を上げる。

2 つま先を上げ、ボールに触れた瞬間にボールごと足を引く。

3 トラップする足を地面近くまで引き、足もとにコントロールする。

指導のPOINT ボールのはねぐあいでチェック

トラップ後にボールが地面に落ちたとき、どれだけはねているかをチェックしてください。はね方が大きければ、やはりボールの勢いを吸収しきれていないということになります。

つま先を下げていると、足の甲に当たってはねてしまう。

インステップ（足のつま先から甲《こう》の部分）のトラップで、ボールが落ちてくる勢《いきお》いをしっかりと吸収《きゅうしゅう》するコツは、なるべく高く足を上げて、ボールタッチしてから引き下ろす時間を長くすること。つま先を上げてボールを受けないと、前に弾《はじ》いたり、地面に下ろしたときにはねたりするので注意しましょう。

ZONOコーチからのアドバイス!

足とボールがひとつになる

インステップで浮き球をトラップするときは、ボールが落ちてくる速さをしっかりとつかむことが大切なんだ。ボールタッチした瞬間にトラップする足をボールごと引き下ろせば、足にボールがくっついているように見えるよ!

落ちてくるボールにタイミングを合わせてトラップする足を引き下ろせば、足とボールがひとつになったように足もとに落ちる。

ももでトラップ!

ステップ 3-6 ボールの落下に合わせてももを引く

飛んでくる浮《う》き球《だま》を、ももでトラップするときに大切なことは、ボールの正面に自分の体を入れること。そして軸足《じくあし》をクッションにして、上げた足のももの中心の広い部分でボールをとらえることです。ボールが落ちてくるスピードに合わせて、ももを少し手前に引くようなイメージでボールの勢《いきお》いを吸収《きゅうしゅう》しましょう。

1 ボールのコースの正面に入り、上半身の力を抜いて片足を上げる。

2 ももの中心の広い部分でボールの中心をとらえ、勢いを吸収する。

3 なるべく弾まないように地面に落とし、すばやく次のプレーへ。

ZONO《ぞの》コーチからのアドバイス！

軸足のヒザも使おう

浮き球のトラップは、ボールの落ちてくるスピードに合わせて自分の体を動かすことが大切なんだ。トラップする足だけに頼らないで、上半身でつつみこむイメージや軸足のヒザをクッションにしてみよう！

トラップする足だけでなく、上半身や軸足のヒザでボールの勢いを吸収する。

ももの中心の広い部分でボールタッチする。

ヒザに近いかたい部分だと、前に弾んでしまう。

ももの側面の部分だと、ボールが左右にずれる。

指導のPOINT ボールとももの角度をチェック

もものトラップは少しでも、ももの中心をそれると、自分がコントロールできない範囲までボールが弾んだり、地面に落としたときに大きくはねたりします。ももの中心でとらえているか、ボールが落下する角度とももの角度が合っているかなどをチェックしてみてください。

胸《むね》でトラップ!

ステップ 3-7

2種類の胸トラップを覚える

落とすトラップ

ボールの正面に入り、両ヒザを軽く曲げてボールをむかえる。

浮かせるトラップ

胸の中心から少しはずれた場所でボールをとらえ、上半身をかぶせる。

胸を上につき上げる感じで、ボールを自分の体の真上に弾ませる。

胸《むね》のトラップには2種類《しゅるい》あります。1つ目はボールに対して体をかぶせて自分の足もとに落とすトラップ。2つ目は胸をつき上げるようにして自分の真上にボールを浮《う》かせるトラップで、ボレーシュートを打つときや方向転換《ほうこうてんかん》などに使います。ボールは胸の中心ではなく、左右どちらかの筋肉《きんにく》のある部分で受けるようにしましょう。

なるべく地面に弾ませずに落としたボールをすばやくコントロール。

落ちてきたボールを地面に弾ませずにダイレクトでキックする。

ZONO《ぞの》コーチからのアドバイス!

上半身の動きを大切にしよう

胸のトラップは上半身の動きがとても大切になるんだ。ボールの方向によって胸の左右どちらかの筋肉がある部分でタッチすると痛くないし、コントロールしやすくなるよ。それと、ボールが胸に当たるとき、ヒザのクッションを使うことも忘れないようにしよう!

上半身をかぶせるようにして足もとへ落とすトラップ。

胸をつき上げるようにして真上へ浮かせるトラップ。

頭《あたま》でトラップ!

ステップ 3-8 ボールの落下速度に合わせる

足やもも、胸《むね》のトラップではヒザのクッションが大切と説明しましたが、ヘディングでのトラップはそれ以上にヒザをやわらかく使うことが重要《じゅうよう》になります。試合《しあい》ではあまり使われないテクニックですが、ボールの落下速度《らっかそくど》に合わせて自分の体を沈《しず》みこませる動きをおぼえると、ボールの勢《いきお》いを吸収《きゅうしゅう》するコツがつかめます。

十分にヒザを曲げてクッションを使うと、おでこにボールが当たっている時間が長くなる。

ヒザが棒立ちでヘディングすると、大きくはね返って次のプレーができない。

ZONO《ぞの》コーチからのアドバイス!

ヒザを十分に曲げよう

ヘディングでのトラップは、ヒザが立った状態だとボールが大きく弾んでしまうんだ。ボールが落ちてくる速さに合わせてヒザを曲げてしゃがむようなイメージで、おでこにボールがくっついている時間を少しでも長くしてみよう!

指導のPOINT ボールが当たる場所と角度もチェック

ヘディングのトラップはボールをおでこの中心でとらえることも大切です。頭頂部や頭の横などでとらえると思わぬ方向にボールが弾んでしまうので、ボールが落下する軌道とおでこの角度が合っているかどうかもチェックしてあげましょう。

ボールの軌道に合わせておでこの中心を当てないと、頭頂部などに当たって弾んでしまう。

1. ボールの軌道をよく見て、コースの正面に入る。

2. ヒザのクッションを使っておでこの中心でとらえる。

3. 足もとに落ちてきたボールをすばやくコントロール。

1人でできるトラップの練習

壁に蹴ったり自分で投げる

壁にはね返ったボールをトラップする練習

練習のやり方

壁に向けてキックし、はね返ってきたボールをいろんな部分でトラップしてみる。壁の高い部分に当てれば浮き球のトラップにもなる。

ZO《ぞ》NO《の》コーチからのアドバイス!

まわりを確認してから練習しよう

公園やグランウンドに壁当て用の大きなキックボードがあれば最高だね。でも、そうじゃない場合は、壁に蹴ってもいいのかをちゃんとまわりに確認してから練習することが大切だよ!

トラップの練習は1人でもできます。大きめの壁《かべ》があれば、自分で蹴《け》ってはね返ってきたボールをトラップします。キックの強さや種類《しゅるい》、そして壁に当てる部分《ぶぶん》でもどってくるボールに変化《へんか》がつくのでぜひやってみてください。また、ボールを自分で投げ上げて受ける練習も、浮《う》き球のトラップのマスターに役に立ちます。

自分で投げ上げたボールをトラップする練習

練習のやり方

ボールを自分で投げ上げてインステップやももなどでトラップする。わざとショートバウンドさせてトラップするのもよい練習になる。

指導のPOINT 慣れてきたら高く上げる

この練習では最初は軽くボールを投げ上げ、少しずつ高さを上げていきましょう。高く上げるほどボールが落ちる速度が速くなり、その勢いを吸収する技術がもっと必要になってきます。

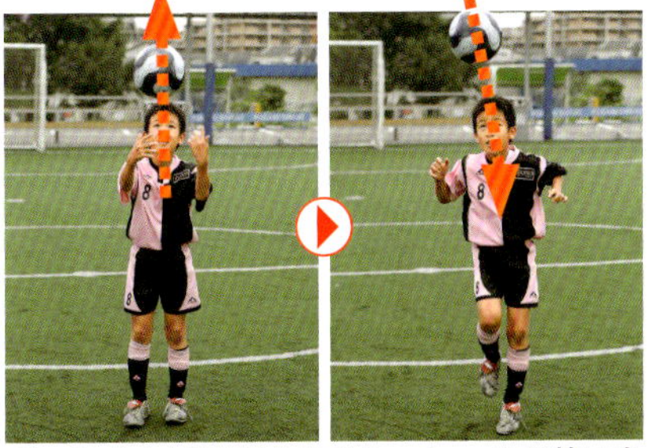

ボールを上げる高さを考え、しっかり勢いを吸収して受ける。

2人でするトラップの練習

浮き球を正確に足もとに落とす

練習のやり方

投げ手の人はボールの高さや強さにバリエーションをつけて投げる。受け手はボールを見て正確にトラップ、または投げ手の指示を聞いてトラップする。

指導のPOINT トラップ後の動きまで確認

トラップは、次のプレーにつなげる大切なプレーです。浮き球をうまくトラップできるかだけではなく、ボールを落とす位置や、投げ手にすばやく返すという次の動きまで見てあげましょう。

2人1組でするトラップの練習です。コーチや選手のひとりが両手で持ったボールを軽く投げ、もうひとりの選手がそのボールをトラップします。最初は自由にトラップし、慣《な》れてきたらボールを投げる役の人が「インステップ!」「胸《むね》!」などとトラップをする部分を指示《しじ》することで、トラップする側の瞬間的《しゅんかんてき》な反応《はんのう》力が高まります。

もも

ももで足もとに落としてから返したり、軽く上げてダイレクトで蹴る。

胸

胸で足もとに落としてから返したり、軽く上げてダイレクトで蹴る。

インステップ

インステップで、ボールを足に吸いつかせるように足もとにそっと落とす。

頭

頭で足もとに落としてから返したり、軽く上げてダイレクトで蹴る。

ショートバウンド

浮き球が地面に落ちた瞬間にインサイドやアウトサイドでななめからかぶせる。

前園コーチから みんなへのメッセージ

トラップについて

　飛んできたボールを、自分の思ったところに止める。トラップはキックとともにサッカーの中で、もっとも重要《じゅうよう》な技術《ぎじゅつ》なんだ。そしてこのトラップがうまいかどうかで、サッカー選手としての評価《ひょうか》は大きく変わってくるよ。

　トラップの基本は、まず自分の足もとにしっかりとボールを止めること。そのときに意識《いしき》したいのは、ワンタッチでコントロールするということ。ワンタッチでボールを自分の足もとにトラップできるようになれば、たとえば相手がボールを奪《うば》おうと寄せてきたときに最初のトラップで相手をかわしたり、状況《じょうきょう》に応じてトラップを使い分けられるようになるんだ。ロナウジーニョがあれだけプレーに余裕《よゆう》があるのは、ボールをファーストタッチで自分の思った場所にコントロールできるから。そして世界の一流選手と日本の選手の差は、そのトラップの精度《せいど》の差《さ》でもあるんだ。

　世界のサッカーの流れは、プレスが主流となり、ますますスペースと時間がなくなってきている。その中でいかに余裕を持って次のプレーに移れるか。そのカギを握《にぎ》っているのはトラップの技術なんだ。そしてレベルが上がれば上がるほど、トラップの技術がうまいかそうでないかで大きな差として表れてくるはずだよ。最初はファーストタッチでボールをコントロールするのは難しいかもしれない。でも高い意識を持ってトラップの練習をすることで、一発で足もとに収まるトラップを身につけよう！

ファーストタッチでうまくボールをコントロールして、プレーに余裕のある選手になろう！

PART5

ドリブル してみよう！

繊細《せんさい》な
ボールタッチで
大胆《だいたん》に攻《せ》める

ドリブルは、相手にボールを奪《うば》われないようにゴールに近づくテクニックです。どんどん変化していく試合《しあい》の状況《じょうきょう》を判《はん》断《だん》して、フェイントなどを使いながら「ゴールにせまる」「ボールをキープする（味方を生かす）」そして「勝負をしかける」ドリブルを使い分けていきましょう。特《とく》にフェイントなどの細《こま》かいテクニックは、子どものころに身につける絶好《ぜっこう》の機会《きかい》なので、ひとつでも多くマスターしましょう。

このパートの目的と指導ポイント

1 体《からだ》の中心《ちゅうしん》でボールを運《はこ》ぶ

ドリブルとは、ボールを「蹴って走る」のではなく「運ぶ」ことです。そしていつも体の中心（足もと）にボールをおくことで、相手にとられずにすばやくパスやシュートに移ることを意識しましょう。

2 試合《しあい》の状況《じょうきょう》を判断《はんだん》する

ドリブルは、試合でうまく使えばビッグチャンスを生むことができますが、使い方を間違えると大きなミスにもなります。顔を上げてまわりを見ながらドリブルできるように練習していきましょう。

3 1対《たい》1で負《ま》けない意識《いしき》

サッカーは11対11人で戦っていますが、その一番小さな形は1対1です。その1対1で「絶対に負けない」強い意識を持ち、そのために必要な技術をみがくことが、よいドリブラーへの近道になります。

足《あし》の裏《うら》でドリブル！

ステップ 4-2 リズムよくボールタッチする

足の裏《うら》で運《はこ》ぶドリブルは、自分の体の向きに対して横方向に進むドリブルです。スピードに乗って進むというよりも、相手が接近《せっきん》しているときや、時間をかせぎながら自分の足もとにボールをキープしたいときに使います。ポイントは、ボールに体重を乗せすぎずにボールの頭をなでて転がすことです。

1 軸足（左足）を踏みこんでボールタッチする右足を上げる。

2 右足の裏でボールの頭（上）にやさしくタッチする。

3 足の裏でボールの頭からなでるように横に転がす。

ZO《ぞ》NO《の》コーチからのアドバイス！

足もとからボールを離さない

どんなにスピードに乗ったドリブルでも、大きく蹴って足もとから離れれば、それだけ相手にボールを奪われる危険が高くなる。自分の足もとでボールコントロールすることが大切だよ！

どんなときでも自分の足もとでボールをあやつる気持ちを持とう。

4

5

右足をスムーズに地面に下ろす。

左足を前に進めて、再び同じ動きをくり返す。

インサイドでドリブル!

方向転換しやすいドリブル

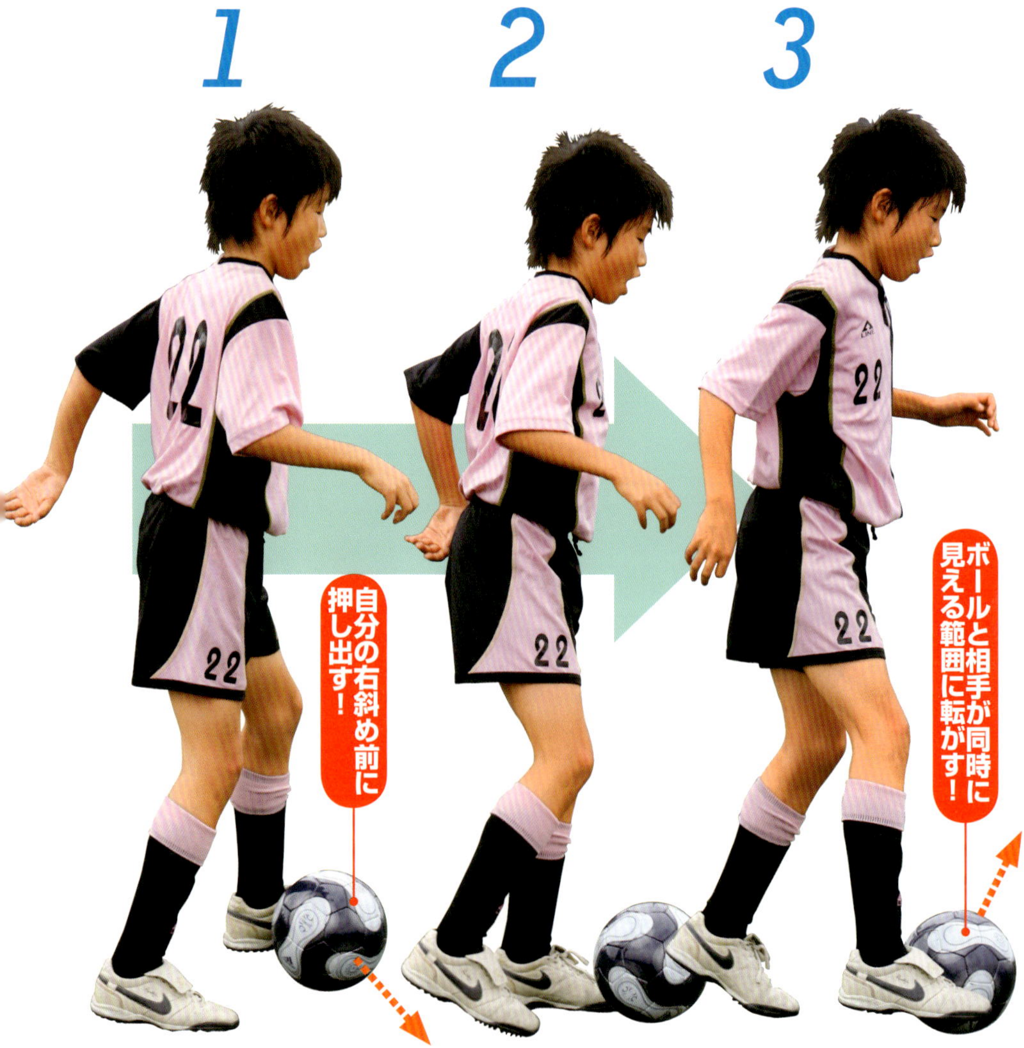
1
2
3
自分の右斜め前に押し出す!
ボールと相手が同時に見える範囲に転がす!

左足インサイドでボールを押し出すように運ぶ。

左足を地面につけて右足を軽く上げる。

右足インサイドで自分の左斜め前に押し出す。

足の内側のインサイドを使ったドリブルは、横方向や斜《なな》め前方にボールを運んだり、方向転換《ほうこうてんかん》をするときに便利《べんり》です。また、ボールを自分の体の中心におくので、マークする相手が近づいてきてもキープしやすいのが特徴《とくちょう》です。ボールと相手を同時に見られるように、顔を上げた状態でリズムよくボールを押し出しましょう。

ZONO（ぞの）コーチからのアドバイス!

せまいスペースで有効に使おう

インサイドのドリブルは、敵味方がたくさんいるせまいスペースでとても役に立つんだ。右足で転がしたボールをすばやく左足で当てて方向転換すれば相手を抜くこともできるので、両足で使えるようにしておこう！

右足インサイドで短めにボールを転がす。

自分の肩幅の中で
ボールをコントロール!

左足インサイドですかさず切り返して突破する。

アウトサイドでドリブル!

ステップ 4-3 スピードに乗れるドリブル

1

軸足となる左足を踏み出し、蹴り足となる右足を振り上げる。

2

右足の足首を内側に曲げてアウトサイドの面をつくる。

ZO《ぞ》NO《の》 コーチからのアドバイス!

ボールに逆回転をかける

アウトサイドのドリブルは、前に「蹴り出す」というよりも、ボールを下に「切る」ように「押し出す」意識が大切なんだ。ボールに逆回転をかければ大きく自分の体から離れないし、いつも足もとで小刻みにタッチできて相手からボールをとられる危険が低くなるよ!

足の外側の面となるアウトサイドを使ったドリブルは、走るフォームから足首を内側に軽く曲げるだけでボールを扱《あつか》えるので、スピードに乗りやすく、キックやフェイントにも移りやすいドリブルです。ボールを前に運《はこ》ぶときによく使います。ボールの中心から下の方向に足を入れて切るイメージでボールタッチしてみましょう。

3
ボールは蹴るのではなく、やわらかく押し出すイメージでタッチ。
小指のつけ根を中心にタッチする!
4
右足を着地して、再び左足を踏みこむ。
一歩で触れる距離に押し出す!

ボールに逆回転をかければ、どんなにスピードに乗っても自分の体から大きくは離れない。

ドリブルを組《く》み合《あ》わせる!

たくさんのパターンを持つ

組み合わせたドリブルのお手本

1 右足の足の裏でボールを前に転がして着地する。

2 着地した右足に体重をかけて左足を踏みこんでいく。

3 踏みこんだ左足を軸足にして右足アウトサイドで右へ転がす。

片足で足の裏《うら》やインサイド、アウトサイドのドリブルをマスターできたら、両足でもバランスをくずさずに同じくらいキレのあるドリブルを身につけましょう。そして最終的には、それらをミックスして前後左右、自由自在《じゆうじざい》にボールをあやつり、試合で「1対1に負けない」ドリブルができるように練習していくことが大切です。

ボールから目をそらさずに軽いステップで右足を準備する。

右足インサイドで急激に切り返して左へ転がす。

指導のPOINT 相手をイメージする

ドリブル上達の近道は、相手をイメージしながら練習することです。コーンやマーカーを敵に見立てて足技で抜くのもいいですし、ディフェンスについてもらって1対1の勝負をするのもいいでしょう。

遊び感覚でできる1対1は、ドリブルの技術をみがく最高の練習です。

コーンを使《つか》ってドリブル練習《れんしゅう》①

スピードよりも正確さ

ジグザグドリブルの練習

練習のやり方

コーンを1.5メートル間隔に5～10本並べ、その間をジグザグにドリブルする。ただドリブルするのではなく、コーンをディフェンダーと考えてドリブルの緩急の変化や、切り返しの深さを変える。また利き足だけでなく両足を使うことも大切。

指導のPOINT 少しずつ難易度を上げていく

コーンを使ったドリブルの練習の一番の目的は、ボールを正確なタッチでコントロールするということです。そのため初期の段階はゆっくりでもかまいません。レベルが上がってきたら、コーンの間隔をせばめたり、1本のコーンを通過するときのタッチ数や、ボールを扱う足の部分に制限を加えることで難易度を上げていきます。

コーンや障害物《しょうがいぶつ》をディフェンダーに見立てて、その間をジグザグにドリブルする練習です。コーンを通過《つうか》するときは、なるべく細《こま》かなタッチでドリブルが大きくふくらまないように注意しましょう。インサイドやアウトサイド、足の裏《うら》などいろいろな部分を使い、最初はスピードよりも正確さを追求《ついきゅう》していきましょう。

足の裏

足の裏だけを使ってボールを転がす。ボールの頭をなでるようにリズムよく軽くタッチすることが大切。

インサイド

両足のインサイドを使って切り返すようにドリブルする。両足の間からボールを出さずにコントロールすることが大切。

アウトサイド

両足のアウトサイドを使ってドリブルする。ボールを大きく蹴り出さずに一歩でコントロールできる範囲に転がすことが大切。

コーンを使《つか》ってドリブル練習《れんしゅう》②

チームでドリブル競争

練習のやり方

チームごとに2本のコーンを10メートルの間隔で立てる。合図と同時にそれぞれのチームの選手がドリブルをスタート。コーンAとBの間を8の字でドリブルする。コーンBをターンしてもどり、コーンAを越えたところで次の選手にボールを渡す。

ZO《ぞ》NO《の》コーチからのアドバイス!

自分のドリブルスピードの限界を知る

8の字ドリブルは、ジグザグドリブル（→P120）のように細かくボールを切り返す必要がないから、スピードに乗ることができるよね。でも、スピードを出しすぎて折り返し地点でふくらむと、時間のロスになってしまうよ。ボールを自分でコントロールできるギリギリのスピードを知ることが大切だね!

複数《ふくすう》のチームに分かれて、ドリブル競争《きょうそう》をしてみましょう。コーンをスタート地点と折り返し地点にそれぞれ1本立てて8の字にドリブルし、もどってきて次の選手にボールを渡《わた》したら交代《こうたい》します。コーンの数が少ないのでドリブル自体はスピードに乗れますが、そのぶんターンをするときのボールコントロールが難《むずか》しくなります。

折り返し地点では、自分がボールをコントロールできるようにスピードを調節し、細かいタッチで回りこむ。

指導のPOINT コーンを小回りに回る

ドリブル競争では、まず子どもたちに楽しんでもらうことが大切ですが、ターンのときはなるべくコーンを小回りで回ることを強調します。また、競争しながらの練習は、チームとして負ける悔しさを遊びのなかから個々が実感するいい機会にもなります。負けてしまったチームには「ドリブルでグラウンド1周」などのペナルティを課せば、チーム全体としてのスキルアップやモチベーションアップにもつながります。

シザースに挑戦《ちょうせん》！

ステップ 4-4 ボールをまたいで逆に運ぶ

フェイントとは、ボールを奪《うば》いにくる相手をだますように動き、抜いていくプレーです。シザースは、一番ポピュラーなフェイントで、相手が正面に立ちふさがったときに有効《ゆうこう》です。アウトサイドで一方に持ち出すようにボールをまたぎ、相手の体勢《たいせい》がくずれた逆の方向に逆足のアウトサイドでボールをすばやく押し出しましょう。

1 相手との間合いを見ながらドリブルする。

2 右足を踏みこみ、左足でボールの前を大きくまたぐ。

左足アウトサイドで蹴るフェイントに見せる。

ZO《ぞ》NO《の》コーチからのアドバイス!

体のバランスをくずさない

シザースは、ボールをまたぐ動きを大きく速くすることで、相手が体勢をくずしやすくなるんだ。でもボールをまたぐときに自分の体のバランスがくずれてはダメ。まずは止まったボールをまたぎ、その動きを身につけよう!

自分の体のバランスがくずれないように、両足でボールをまたげるように練習しておこう。

3 左足を着地して右足アウトサイドで押し出す。

4 相手の逆をついて一気に抜いていく。

左足で体を支えて右足でボールを押し出す。

ボディフェイントに挑戦《ちょうせん》!

ステップ4-5 相手に迷わせて動きを止める

1 相手との間合いをつめていく。

2 左足を大きく踏み出して上半身を振る。

3 体のバランスをくずさずに左足を着地。

4 左足を踏んばり、右方向に体重を移動。

ボディフェイントは、左右にステップを踏み、上半身を大きく揺《ゆ》らすことで相手を迷《まよ》わせるフェイントです。相手が「どっちに進んでくるだろう」と考え、一瞬《いっしゅん》動きが止まった（フリーズした）瞬間《しゅんかん》に相手の重心《じゅうしん》の逆側に抜き去ります。自分の体のバランスをくずさずにしっかりと体を振って、足を大きく踏み出すことが大切です。

ボールを押し出すようにして持ち出す。

ZONO《ぞの》コーチからのアドバイス!

腰の位置を意識する

ボディフェイントでは、自分の体のバランスまでくずすことが多いんだ。そんなときは、フェイント中に腰の位置を変えないように意識するだけでも、かなりスムーズにいくと思うよ!

上半身を振っても腰の位置が変わらなければ、バランスをくずさない。

キックフェイントに挑戦《ちょうせん》!

ステップ 4-6 キックの動きで相手に反応させる

守備側《しゅびがわ》の選手は、攻撃側《こうげきがわ》のキック(特《とく》にゴールエリアでのシュート)の動きに敏感《びんかん》に反応《はんのう》します。その相手の反応を利用するのがキックフェイントで、ボールを蹴ると見せかけて相手の動きを一瞬《いっしゅん》止めたり、タックルさせることで相手の逆をとります。体全部を使ったキックの動きで相手にキックをすると思わせましょう。

1 相手の動きを見ながら間合いをつめる。軸足側の腕を大きく振り上げてキックの体勢に入る。

2 左足を強く踏みこんでキックの動きを見せ、相手の動きを一瞬止める。

ZO《ぞ》NO《の》コーチからのアドバイス!

腕も上げて本当のキックに見せる

キックフェイントは、ボールを蹴ると相手に思わせることが大切なんだ。だから、キックの動きはなるべく大きくしよう。足だけでなく、腕も大きく振り上げると相手は引っかかりやすいよ!

腕と足を大きく使って見せよう。

軸足で踏んばって蹴り足を回す!

3 蹴り足をボールの内側に回しながらアウトサイドで押し出す。

4 すばやくドリブルして相手を抜き去る。

引《ひ》き技《わざ》からのフェイントに挑戦《ちょうせん》!

ステップ 4-7 相手の足をさそって抜く

1

ドリブルの状態から少しスピードを落とす。

2

相手の足が出てきたらボールを足の裏で押さえる。

ZO《ぞ》NO《の》コーチからのアドバイス!

ボールは自分でコントロールできる場所におく

このフェイントは、相手と1対1になったときに使うテクニックなんだ。ボールを出して相手の足をさそうのが目的だから、奪われる可能性も高いけど、すぐに自分が触れるところにボールをおけばだいじょうぶ。抜き去るときのダッシュ力も必要だね!

引き技からのフェイントは、最初にボールを相手の足が届《とど》くギリギリの位置《いち》に出します。そして相手が「取れる」と思って足を出してきた瞬間《しゅんかん》に足の裏《うら》でボールを引き、アウトサイドかインサイドで逆をとって抜きましょう。ポイントは、ボールを奪《うば》われそうで奪われない、一番よい相手との間合《まあ》いを見つけ出すことです。

3
4
体のバランスをとる!
ダッシュで一気に抜け出す!

ボールを足の裏で後ろに引き、相手の動きを止める。

すばやく体を右方向に向けてボールを押し出す。

いつでも触れる場所にボールをおけば、相手の足をかわして抜くことができる。

切《き》り返《かえ》しに挑戦《ちょうせん》!

ステップ 4-8 すばやい足の振りで角度をつける

切り返しはキックフェイント（→P128）を応用《おうよう》したものといえます。ただし、キックの動きを大きく見せるのではなく、相手が近づいてきたらすばやい足の振りでボールに角度《かくど》をつけて持ち出します。上半身はドリブルの進行方向を向きながら、下半身だけをひねってボールの方向を変えることがポイントです。

1
相手との間合いを見ながらドリブルをする。
腰をひねって切り返す!
2
小さなするどい動きで蹴り足(左足)を振る。

指導のPOINT 切り返す角度をチェック

注意したいのは、ボールを切り返すときの角度です。切り返す角度が浅いと、ボールはそのまま相手の方に流れてしまうからです。そのため、下半身のするどいひねりとともに、足の面とボールとの角度をチェックしてあげましょう。

相手の足が届かない角度で切り返すように意識させる。

3
左足のインサイドで角度をつけて切り返す。
上半身はフェイントの方向のまま!
4
上半身も切り返した方向を向いてダッシュ。

クライフターンに挑戦《ちょうせん》!

ステップ 4-9 軸足の後ろでボールを通す

1 敵との間合いを見て軸足（左足）を大きく踏みこむ。

ボールの前に踏みこむ!

2 3 キックの動きを見せながら蹴り足（右足）を回す。

ボールを軸足に当てない!

インサイドでボールタッチして軸足の後ろを通す。

4 ボールを運んだ方向にすばやく向いてダッシュ。

クライフターンは、ドリブルの進行方向から180度逆にターンするフェイントです。キックフェイントの動きから、ボールをインサイドで軸足《じくあし》の後ろを通して方向を変えます。ボールを自分の体の後ろで扱《あつか》うことで、体を壁《かべ》にしてボールをかくすことができますが、急激《きゅうげき》にターンしたときのボディーバランスに特に注意しましょう。

1
軸足を踏みこんで
腕を上げるキック
フェイント。
2
蹴り足を外側か
ら回しこんでボ
ールタッチ。
軸足で踏んばってバランスを保つ！
3
軸足の後ろでボ
ールを通してタ
ーンする。
4
ダッシュでボー
ルを持ち出して
ドリブル。

ルーレットに挑戦《ちょうせん》!

ステップ 4-10 相手に背中を向けたまま抜く

ルーレットはフランス元代表《もとだいひょう》のジダンが得意《とくい》としたテクニック。相手とボールの間につねに自分の体を入れるので、ボールをかくしながら相手を抜くことができます。相手との間合《まあ》いがつまったら、左足を軸《じく》に右足の裏《うら》でボールを引いて半回転。そして今度は右足を軸に左足でボールを引いて相手を抜きましょう（足は逆も可能）。

1 相手との間合いを見て右足でボールを止める。

2 左足を軸に右足の裏でボールを引きながら回転を始める。

ZONO《ぞの》コーチからのアドバイス!

まずは遊びから

ルーレットは相手に背中を向けてプレーするので、ボールコントロールが難しい技なんだ。最初は遊びからでいいから、体がスムーズに回転し、ボールを足の裏でうまく扱えるようになるまで練習しよう！

バランスをくずさずに体を回転できるように練習しよう。

相手を背中でブロック！
ボールを後ろに引く（2回目）！

3 右足が着地したら今度は左足でボールを止める。

4 右足を軸足に左足の裏でボールを引きながらさらに回転。

5 体の回転を終えてすばやくドリブルに移る。

せまい場所《ばしょ》でフェイント練習《れんしゅう》！

他の選手にぶつからずにかわす

練習のやり方

4本のコーンで正方形のエリアをつくる。複数の選手をそのエリアでドリブルさせ、他の選手との距離がせばまったらフェイントをいれさせる。ボールをエリアから出したり、フェイントのときにバランスをくずさないように注意する。時間はレベルによって3〜5分程度。

指導のPOINT 正方形のエリアの大きさを変える

ボールを扱う技術のレベルによって正方形のエリアを広めたりせばめたりします。高いレベルならば、せまいエリアに入れる選手の数を多くして難易度を上げてもいいでしょう。相手とぶつからないように、ボールはつねに自分の足もとで扱える範囲内におくことを強調してください。

コーンで区切《くぎ》ったせまいエリアのなかに複数《ふくすう》の選手が入って、ボールをコントロールしながらフェイントの動きをくり返す練習です。ポイントは、ボールをつねに自分のプレーエリアにおいて、他の選手にぶつからずにかわしていくこと。まわりを見ながら他の選手との間合《まあ》いを意識《いしき》して自在《じざい》にボールを扱う技術《ぎじゅつ》が身につきます。

顔を上げる

顔を上げてまわりを見ることで、他の選手との間合いや空いたスペースを見つける能力を養う。

ボールを止める

他の選手とぶつかりそうなときは、ボールを止める、転がすなどのとっさの判断力を養う。

切り返す

他の選手との間合いが近づいたとき、ボールを切り返してさけるなどのフェイント技術をみがく。

ZO《ぞ》NO《の》コーチからのアドバイス!

楽しみながら真剣に

この練習は、ドリブルに必要な基本が全部つまったものだから、楽しみながらも真剣にやろう。フェイントも相手との距離を考えながらできるので、上達が早いと思うよ!

コーチの合図で、選手全員が同時にフェイントをかける練習もオススメだ。

前園コーチからみんなへのメッセージ

ドリブルについて

自分一人の力で試合《しあい》の展開《てんかい》を変えることができる。小さなころから、僕はドリブルの魅力《みりょく》にとりつかれ、プロになってもドリブルは僕の一番の武器《ぶき》になったんだ。

僕に大きな影響《えいきょう》を与えたのは1986年のワールド・カップで優勝したアルゼンチンの天才マラドーナのプレーだった。165センチと日本人とくらべても小さな選手なのに、足にボールが吸《す》いつくようなドリブルで、相手選手を簡単《かんたん》にかわしていく。そのビデオをすり切れるほど何度も見たよ。そしてマラドーナのプレーを見て、ドリブルの中でのボールタッチが多く、リズムの変化やスピードに緩急《かんきゅう》をつけることで相手は足を出しにくいのだと気づいたんだ。そのマラドーナと同じようなドリブルをするのが、今でいえば同じアルゼンチン代表《だいひょう》のメッシ。彼もマラドーナから大きな影響を受けているのだと思う。

サッカーだけでなくスポーツ全体にもいえることだけど、ドリブルはリズムだと僕は考えているんだ。スキップができない人に、ドリブルができるかといったら、たぶんできないからね。ドリブルの練習では、ボールをなるべく自分の体の近くにおき、ボールタッチの回数を増やす。その中でスピードやリズムの変化をつけることが大切だよ。最初は自分がボールをコントロールできるスピードでドリブルし、慣《な》れてきたらスピードを少しずつ上げる。そうすれば「足に吸いつくような」ドリブルができるようになるはずだよ!

マラドーナのビデオを何度も見て練習したから、僕は自分のドリブルを身につけることができたんだ。

PART6

相手の攻撃をふせごう！

守備《しゅび》の優先順位《ゆうせんじゅんい》をおぼえる

チャレンジして失敗の許《ゆる》される攻撃《こうげき》にくらべ、ディフェンスでまず優先されるのがセーフティー・ファースト（安全第《あんぜんだい》一《いち》）です。一番望《いちばんのぞ》ましいのは相手のボールを奪《うば》うことですが、もしそれができない場合は、相手の攻撃を遅《おく》らせて味方の守《しゅ》備陣形《びじんけい》がそろうまでの時間かせぎも必要になります。このパートでは、ディフェンスの基本となる構《かま》え、そして守備の優先順位を学んでいきましょう。

このパートの目的と指導ポイント

1 相手《あいて》に対《たい》し半身《はんみ》で構《かま》える

相手をマークするときのディフェンスの基本は「ワンサイドカット（一方向を切る）」です。そのためにディフェンダーは相手に対して、いつも半身の状態で構えることが必要になります。

2 ステップを身《み》につける

相手に対し受け身となるディフェンスでは、ドリブルする相手に対しいつも斜め後ろ向きに動く必要があります。すばやいマークのための足の動き、サイドステップとクロスステップを身につけましょう。

3 状況《じょうきょう》に合《あ》わせた守備《しゅび》をする

守備の優先順位を理解して、インターセプト、トラップの瞬間のチャレンジ、相手に前を向かせないなど、試合の状況に合わせたディフェンスの方法を実戦的に使ってみましょう。

守備《しゅび》の基本《きほん》をおぼえる!

ステップ 5-1 半身に構えてワンサイドカット

基本の姿勢

相手の動きに速く反応できる！

相手に対して半身で構える。ヒザを軽く曲げ、かかとを浮かせ、重心を低く構える。上体はリラックスしておくこと。

相手の動きについていけない！

相手に正対して（両足がそろって真っすぐ向く）、重心が高いので動き出しに時間がかかる。

ディフェンスでは、相手のどのような動きにも対応《たいおう》できるようにヒザを少し曲げ、かかとを少し浮《う》かせて重心《じゅうしん》を低くし、足幅《あしはば》は肩幅《かたはば》ぐらいに開《ひら》きます。そしてボールを持つ相手に対し、一方向に追いこむために半身《はんみ》に構《かま》えます。これをワンサイドカットといい、ボールと相手の動きの両方をしっかりと見ながら動くことが大切です。

ゴール前でのワンサイドカット

ボールとゴールの中心を結んだ直線上に立ち、半身になって一方のサイドライン側に追いこむ。

ゴール
絶対に
行かせない
自分
サイドライン側
に追いこむ
ボール

指導のPOINT ボールとゴールの位置を見る

ピッチのどのエリアで守備をするかでも変わりますが、基本的にゴール近くでは、相手を一方のサイドライン側に追いこみます。そのため、選手にはいつもボールとゴールの位置を確かめるように指導してください。

ゴールへの
コースががら空き!

ボールとゴールの中心を結んだ直線上から離れて立つと、ドリブルやシュートされるコースが大きくなる。

ステップをおぼえる!①

ステップ 5-1 カニ歩きのようなサイドステップ

1 相手に対し半身に構えてワンサイドカットする。

2 左足に重心を移し、右足を左足に引きつける。

ZO《ぞ》NO《の》コーチからのアドバイス!

相手に背中を見せない

サイドステップのポイントは、相手が走る方向を変えた瞬間なんだ。自分も合わせて方向を変えようと、相手に背中を見せるようにターンすると、ボールを見失ってしまうので注意しよう!

ディフェンスでは、相手の動きに合わせて自分も動く必要があります。そこで大切になるのが正確《せいかく》な足の動き（ステップワーク）です。サイドステップは、カニ歩きのように横に移動していく方法です。スムーズな動きで足を交互《こうご》に移動していき、相手をいつも正面に見ながら自分も移動していくことがポイントになります。

いつも相手を正面で見る!
3
4
左足を大きく踏み出す!

3 右足が地面に着いたら左足を大きく踏み出す。

4 再び左足に重心を移し、右足を左足に引きつける。

ボールを見失ってしまう!

相手が走る方向を変えたとき、背中を見せるようにターンすると、ボールを見失って相手に自由なプレーをさせてしまう。

ステップをおぼえる!②

ステップ 5-2 足を交差させるクロスステップ

1 サイドステップで相手の出方をうかがう。

2 相手がスピードアップしたので左方向に体重を移動。

3 軸足の左足の前を追い抜くように右足を踏み出す。

スピードのある相手についていくためには、すばやく動けるクロスステップを使います。クロスステップとは、軸足《じくあし》となる一方の足を大きなステップで追い抜くように踏みこんでいくもので、体を斜《なな》めにした状態で走るようなイメージになります。速《はや》いスピードで足の運《はこ》びは難《むずか》しくなりますが、くり返し練習してマスターしましょう。

4 軸足の右足の後ろを追い抜くように左足を踏み出す。

5 交互に足を追い抜くようにして相手についていく。

チャレンジの優《ゆう》先《せん》順《じゅん》位《い》!

状況に合わせて守り方を変える

チャレンジの優先順位

①インターセプトする

相手のパスコースに先に入って
ボールを奪う。

パスコースに
体を入れる!

相手がボールに
集中した瞬間をねらう!

②トラップする瞬間をねらう

インターセプトできな
かったら、トラップす
る瞬間に奪いにいく。

ディフェンスの目的《もくてき》は、相手のボールを奪《うば》うことが最大の目的です。しかし、いつもボールを奪えるとは限《かぎ》らないので、状況《じょうきょう》に合わせて対応のしかたを変えていく必要があります。これを「チャレンジの優先順位《ゆうせんじゅんい》」といい、一番《いちばん》優先されるインターセプト（パスをカットする）ができなければ、順番《じゅんばん》にチャレンジしていきましょう。

ゴール方向を向かせない!

③相手に前を向かせない

トラップする瞬間に奪えなかったら、体を寄せて前を向かせない。

④相手のプレーを遅らせる

相手が前を向いてしまったら、スピードに乗せないで時間をかせぐ。

ボールキープさせて
時間をかせぐ!

⑤相手の攻撃方向を限定する

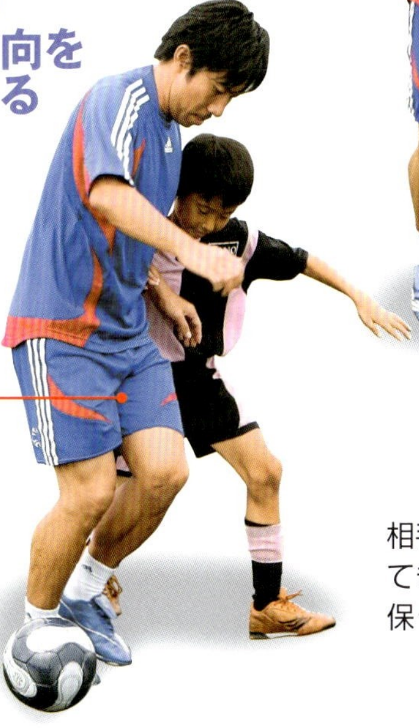
ゴール方向に直進させない!

相手がドリブルをしかけてきたら、適度な距離を保って一方に追いこむ。

スローインをおぼえる!

スローインはパスのひとつ

1 助走から片足を踏み出し、上半身をそらせて反動をつける。

2 ボールを持った両腕をかたむけずに頭の真上を通す。

3 ボールを離す瞬間に両手首を返してボールに勢いをつける。

ボールを頭の真上で通す!
両足はライン上か、その外側!

試合《しあい》中にサイドラインを割《わ》ったボールは、スローインで試合が再《さい》開《かい》されます。心がけなければならないのは、スローインは単《たん》にもう一度試合を始める手段《しゅだん》ではなく、味方《みかた》に渡《わた》す大切なパスであるということ。そして、味方の足もとや攻撃《こうげき》に移りやすいスペースをねらうことが大切なのです。ファールに注意《ちゅうい》して確実《かくじつ》に渡しましょう。

指導のPOINT 正しいフォームをおぼえる

スローインは確実に味方のボールになるように、そして絶対にファールにならないようにフォームをしっかりと教えこんでください。練習を重ねたら、得点につながるロングスローに挑戦するのもいいでしょう。

ボールが頭の真上を通過していない。

ボールを離す瞬間に片足もしくは両足が地面を離れている。

片足もしくは両足がラインの内側に完全に入っている。

両足が地面についた状態で、ボールを頭の真上で通過させて投げる。

ディフェンスの練習《れんしゅう》①

ステップ 5-1-2 バックステップをおぼえる

練習のやり方

ディフェンス役の選手は、相手の動きに合わせて半身でコースを限定させるようにバックステップを踏む。相手がコースを変えたらすぐに対応することがポイント。

指導のPOINT 相手から目を離さない

相手の動きに合わせてバックステップを踏むときは、絶対に相手から目を離さないように指導してください。相手がコースを変えたとき、背中を向けてターンしないように特に注意しましょう。

相手が急にコースを変えたとき、背中を見せるように逆回りでターンしてしまった。

相手の攻撃《こうげき》に合わせて動くディフェンスの足の運《はこ》びは、前へ動くよりも斜《なな》め後ろなどに下がるバックステップが基本です。特《とく》に相手がコースを変えたとき、すばやく対応《たいおう》できるかで1対1の勝負《しょうぶ》が決《き》まることが多いので、そのステップを身につけるために、相手の選手の動きに合わせてバックステップを踏む練習を行いましょう。

1 相手の動きを見て半身でバックステップ。

2 相手の体重移動で動きを予測する。

3 コースを変えたらすぐに逆の半身になる。

4 相手の動きにずっとついていく。

ディフェンスの練習《れんしゅう》②

フリーマンを使った2対2

練習のやり方

2人1組の2チームとフリーマンを用意する。ハーフコートやコーンで適度な広さのエリアを区切り、3対2のパス回しをする。守備チームがボールを奪ったら、攻撃にチェンジして再開する。

指導のPOINT 守備の連係でボールを奪う

ディフェンス側が、ボール回しをしているチームの選手の位置を把握し、連係してしっかりとパスコースを消しているか、声をかけ合っているかに注目してあげてください。また運動量が多いゲームなので、集中力が途切れない程度で適度な休息を入れましょう。

ボールを持った相手だけでなく、ボールを持たない相手にまで注《ちゅう》意《い》する、より実戦的《じっせんてき》な練習です。基本は2対2のパス回しですが、自動的に攻撃側《こうげきがわ》の味方《みかた》になるフリーマン（指導者《しどうしゃ》が望《のぞ》ましい）をおくことで、3対2の形になります。守備側《しゅびがわ》としては、パスコースを限定《げんてい》したり、奪《うば》う瞬間《しゅんかん》をねらったりと判断力《はんだんりょく》が身につくゲームです。

パスコースに入ってインターセプトをねらう。

間合いを一気につめてボールを奪いにいく。

2人で連係してボールを奪いにいく。

●監修者

前園真聖（まえぞの まさきよ）

1973年生まれ。1992年鹿児島実業高校からJリーグ・横浜フリューゲルスに入団。

1994年にはアトランタ・オリンピックを目指すU-21日本代表に選出されると共に、ファルカン監督に見出されA代表にも選出。2つの日本代表チームを掛け持ちすることとなった。U-21主将として28年振りとなるオリンピック出場に貢献し、アトランタ・オリンピックの本大会ではブラジルを破る「マイアミの奇跡」などを演出し、サッカーファンのみならず広く注目された。

その後、ヴェルディ川崎（現・東京ヴェルディ1969）、サントスFC・ゴイアスEC（ブラジル）、湘南ベルマーレ、東京ヴェルディ、安養LGチーターズ・仁川ユナイテッド（韓国）と渡り歩き、2005年5月に引退を表明。

現在は、テレビ・雑誌などを中心にサッカーの解説、そして『ZONOサッカースクール』での指導やJFAアンバサダーとして、少年サッカーの普及推進のために精力的に活動している。

前園真聖オフィシャルHP　**http://zono.net/**

●モデル

ZONOサッカースクール

前園テクニカルディレクターのほか、元Jリーガーの井手口純、桜井孝司、佐賀一平など充実のコーチ陣がサッカーの楽しさを教えつつ、ひとり一人の技術の向上を目指して指導中。子どもたちが夢に向かえる環境を整えると同時に、日常生活における挨拶、礼儀、マナーをサッカーを通じて伝えることをモットーとするスクール。

スクールHP　**http://www.lavetta.tv/**

adidas
ZONO
LINE

●取材・執筆 ―――――― 岩崎龍一

1960年生まれ。明治大学卒。大学在学中より、伝説のサッカー専門誌『イレブン』の記者として取材活動を始める。88年にフリーとなり、『東京中日スポーツ』『サッカーマガジン』などで原稿を執筆。ワールドカップ、ヨーロッパ選手権から少年サッカーまで国内外を問わず幅広く取材。主な著書に『スーパーストライカー・セレクション』（マサダ刊）、『子どものためのサッカーがうまくなる本』（講談社刊・共著）、『フットボールしかない。』（二見書房刊）などがある。

●スチール撮影 ―――――― 小川博久／山田高央
●本文デザイン・DTP ―― 志岐デザイン事務所（矢野貴文）
●イラスト ―――――― 高橋道彦
●取材・撮影協力 ―――― ㈱サニーサイドアップ
㈱エボリューション／フットサルステージ調布
●編集協力 ―――――― ㈱帆風社

DVDでうまくなる! 少年《しょうねん》サッカー
基本《きほん》・練習《れんしゅう》・指導法《しどうほう》

●監修者 ―――――― 前園 真聖［まえぞの まさきよ］
●発行者 ―――――― 若松 和紀
●発行所 ―――――― 株式会社西東社《せいとうしゃ》

〒113-0034 東京都文京区湯島2-3-13
営業部：TEL (03) 5800-3120　FAX (03) 5800-3128
編集部：TEL (03) 5800-3121　FAX (03) 5800-3125
URL：http://www.seitosha.co.jp/

ISBN978-4-7916-1473-8